포레스트 웨일 공동 작가

겨울의
눈은 느리게 내린다

이겸 | 김유신 | 디디 | 류광현 | 박수진 | 김채림(수풀) | 박지우 | 지한아
박성민 (運作) | 정진혁 | 나아영 | 참새 | 이언(利言) | 이하(李霞) | 김종이
빈 숲 | 안현희 마리스텔라 | 강대진 | 희로 | 가빈 | 잔잔오 | 하린
이은지 | 김혜지/헬리아 | 신정현 | 명랑소녀 | 이다솔 | 신혜 | 해원[전갈마녀]
김서연 | 숨이톡 | 아낌 | 조현민 | 고원(변혜린) | 윤세아 | 남화정 | 한유나
장시원 | 박성희 | 편련 | 이상현 | 김예빈 | 리베라 | 최이서 | 안세진
이유로 | 이연화 | 글쓰는 몽상가 LEE | 이노 | 이연월 | lilylove
정수환 | 다래 | 노기연 | 혜성 | 김감귤 | 윤아정 | 희작 | 고유정 | 이서윤
손아정 | 김태희 | 하형정 | 꿈꾸는 쟁이 | 영지현 | 최나연 | 김정훈 / 훈쓰(필명)
갈곳 | 최재훈 | 최소은

FOREST
WHALE

차례

필명	겨울	페이지
1. 이겸	내가 겨울이라	11
2. 이겸	크리스마스	12
1. 김유신	겨울이 데려온 눈	13
2. 김유신	겨울이 와도 난 그 자리	15
1. 디디	겨울은 나의 시작이었다	17
1. 류광현	하얀 겨울의 그리움	20
1. 박수진	흔한 겨울	22
2. 박수진	겨울 언니	30
1. 김채림(수풀)	붕어빵 한 봉지 손에 들고는	35
1. 박지우	겨울 값	36
1. 지한아	집순이	38
1. 박성민 (運作)	달리는 눈, 멈추지 않는 마음	39
2. 박성민 (運作)	하얀 숨, 느리게 피어오르다	42
1. 정진혁	떠나고 보니 봄이었다	44
1. 나아영	즐겨 올 겨울	46
1. 참새	시린 겨울을 떠올리며	48
1. 이언(利言)	겨울 손님	52

2. 이언(利言)	귤	54
1. 이하(李霞)	겨울에는	55
2. 이하(李霞)	강물에 내리는 눈	56
1. 김종이	휴식	57
1. 빈 숲	결	58
1. 안현희 마리스텔라	추운 겨울 이별을 하고	60
1. 강대진	겨울 눈길	62
2. 강대진	그리움의 겨울밤	64
1. 희로	종말의 계절	66
1. 가빈	겨울이란	70
2. 가빈	백지	72
1. 잔잔오	겨울의 온도	74
1. 하린	겨울의 호흡	78
2. 하린	겨울 편지	80
3. 하린	겨울이 내 안에 머물 때	82
1. 이은지	미련한 것	84
1. 김혜지/헬리아	겨울, 왔으나 오지 않은 사람	85

2. 김혜지/헬리아	겨울, 종이학 천 마리의 이별이었다	93
3. 김혜지/헬리아	겨울은 기억을 절이는 계절	101
1. 신정현	동백	107
1. 명랑소녀	겨울의 모닥불	108
1. 이다솔	겨울, 그 끝에 봄	109
2. 이다솔	서릿발과 고요	111
1. 신혜	겨울이 싫었습니다.	113
1. 해원[전갈마녀]	눈사람	116
1. 김서연	겨울빛에 숨은 마음	117
1. 숨이톡	따뜻한 겨울 되면 좋겠습니다	119
1. 아낌	겨울 초저녁	121
1. 조현민	군고구마	123
1. 고원(변혜린)	내 겨울은	125
1. 윤세아	준동(濬冬)	126
1. 남화정	겨울의 온도	129
1. 한유나	첫눈처럼 첫사랑을 떠나보내고	130
1. 장시원	겨울이 한눈에 들어왔다	132
2. 장시원	거울에 반사되어 또다시 겨울	133
1. 박성희	겨울 미장센	135

2. 박성희	미로 속 크리스마스	137
1. 편련	사랑했던, 나의 겨울	139
1. 이상현	시린 온기	142
1. 김예빈	雪下心至(설하심지)	143
1. 리베라	잠든 세상의 온도	145
1. 최이서	희망 품은 겨울나무	148
2. 최이서	겨울바람이 부르는 이름	151
1. 안세진	그대가 없는 이 겨울은 이다지도 따뜻할까	153
1. 이유로	삶과 닮은 계절	155
1. 이연화	바다는 그대로인데	157
1. 글쓰는 몽상가 LEE	겨울은 낭만적이다	159
2. 글쓰는 몽상가 LEE	겨울잠	162
1. 이노	겨울 숨	163
1. 이연월	패딩	165
1. lilylove	마지막 겨울	166
1. 정수환	이글루	168
1. 다래	찬 겨울 속	169
1. 노기연	마지막 계절	171

2. 노기연	그 겨울	172
1. 혜성	사진	173
2. 혜성	너에게 내려준 것	174
1. 김감귤	겨울을 감상하다	176
2. 김감귤	겨울에게 편지를 보내며	178
1. 윤아정	겨울 조각	180
1. 희작	기다리는 님을 향한 겨울의 노래	181
1. 고유정	겨울에게. (Dear. Winter)	183
1. 이서윤	겨울은 가는 중	185
1. 손아정	핑계	188
1. 김태희	무색하게도 겨울을	189
2. 김태희	사랑 이야기	191
1. 하형정	겨울 온도	192
2. 하형정	겨울 팔짱	194
3. 하형정	겨울 키링	197

필명	눈	페이지
3. 이겸	눈	201
1. 꿈꾸는 쟁이	눈 위에 써 내려가면	202
2. 꿈꾸는 쟁이	첫눈 같은	203
3. 김유신	눈이 내리니 그리움이 더해간다	204
2. 류광현	눈 내린 거리 위 발자국	206
3. 류광현	하얀 눈이 내리는 고백	208
2. 지한아	너	212
1. 영지현	첫눈	213
3. 이하(李霞)	첫눈이 내리면	215
2. 안현희 마리스텔라	흰 눈 내리는 날이면	216
3. 강대진	첫눈 내리는 날	218
3. 가빈	따뜻함	220
2. 신정현	벽	222
2. 명량소녀	눈이 내리는 날	223
3. 이다솔	'눈'부시게 피어난 길	224
2. 신혜	그 겨울의 온기	226
1. 최나연	눈자락	232
2. 최나연	스노우볼 세상 속에서	235

2. 해원[전갈마녀]	눈 내리는 날이면	237
2. 김서연	첫눈 오는 날, 너에게	238
3. 김서연	첫사랑의 온도	240
1. 김정훈 / 훈쓰(필명)	아버지의 녹지 않는 눈	242
2. 숨이톡	눈꽃 사랑	247
2. 아낌	눈송이는 과녁이 없다	249
3. 아낌	뿌듯	251
2. 조현민	눈싸움	253
2. 고원(변혜린)	보고 싶은	256
2. 남화정	눈사람	257
1. 갈곳	낙동강 방어선이 무너진 날	259
1. 최재훈	다시, 첫눈	266
3. 장시원	눈잎	271
3. 박성희	눈사람 해체식	273
2. 편련	colors	275
2. 이상현	사라지는 흔적	277
3. 이상현	하얀 세계	278
3. 최이서	눈송이로 찾아갈게...	280
2. 안세진	나의 길이 뒤에 오는 이에게 눈발자국처럼 여정이 되기를	282

3. 안세진	첫눈이 내리던 밤, 케니지를 들으며	285
2. 이유로	눈이 내리지 않는 크리스마스	292
3. 이유로	첫눈	295
2. 이연화	한 줌의 흔적	297
3. 글쓰는 몽상가 LEE	스노우 볼(snowball)	299
2. 이노	White Trace (부제:첫눈처럼 너는)	301
2. 이연월	첫눈	303
3. 이연월	눈꽃	305
2. lilylove	흰 눈	306
2. 다래	눈을 배운다	308
3. 노기연	백의 염원	310
3. 혜성	결온(結溫)	311
3. 김감귤	눈이 모인다	313
1. 최소은	하얀 꽃이 멈추면	315
2. 최소은	숫눈	316
2. 희작	눈의 절애	317
2. 고유정	열아홉, 마지막 눈꽃	320
2. 이서윤	눈의 세상	322

포레스트 웨일

공동 작가

겨울

1. 이겸

내가 겨울이라

비가 울었다,
내가 겨울이라 눈이 되어 날렸다

쉴 새 없이 쏟아지는 함박눈을 보며
나도 울었다.

종일 울었다고 시작해서
종일 울었다로 끝나려고
종일 아팠던 걸까

선선한 날에도 눈이 내렸다
어쩔 수 없는 것을 멈추려 했다

미안해, 내가 겨울이라

2. 이겸

크리스마스

우리의 크리스마스는,

남들처럼 화려하진 않아도
서로 오순도순 이야기하면서
취향이 맞지 않을지도 모르는 와인을 마시고
우리만의 특별함으로 채우는 날이 되었으면 해.

1. 김유신

겨울이 데려온 눈

겨울이 왔다.
작년의 따스했던 기억을 모두 덮을 만큼
눈을 잔뜩 데리고

하얀 눈발이
당신이 떠난 날처럼,
세상의 모든 색깔을 지워버리고
남은 것은 오직 창백한 고요와
내 안에 고인 시린 그리움뿐

눈이 내릴 때마다
밟지 못한 당신의 발자국이 선명하고
흩날리는 눈송이마다
채 다하지 못한 나의 후회가 녹아 있다

이 겨울은 너무 투명유리 같아서
나를 숨겨주지 않는다
차가운 공기는
숨 쉴 때마다 가슴의 틈으로 스며들어
메마른 눈물을 다시 얼린다
겨울이 데려온 이 흰 눈 속에서

나는 알았다.
가장 아름다운 풍경이
가장 외로운 배경이 될 수 있음을

쌓이는 눈처럼,
당신을 향한 슬픔도
점점 더 무겁게 내려앉는다.
녹아 없어질 줄 모르고.

2. 김유신

겨울이 와도 난 그 자리

차가운 바람이 불어와
앙상한 가지 끝을 흔들고
하얀 눈발이 세상을 덮어도
나는 여기에 머뭅니다

겨울이란 시간 속에서
모든 것이 변하고 또 흐르지만
가슴속 깊이 새겨진 그 자리는
시간의 흐름에도 빛을 잃지 않네

떠나간 온기의 그림자를 밟으며
얼어붙은 기억의 조각들을 주워
변치 않는 마음 하나를 지킵니다

밤하늘을 수놓은 별들이
겨울 속에서도 더욱 또렷이 빛나듯
고독 속에 피어난 나의 기다림은
더욱 선명한 그리움이 됩니다

그대가 서 있던 풍경
그대가 남긴 숨결
그 모든 흔적이 스며든 이 공간에서도

겨울이 와도 난 그 자리

봄이 다시 찾아올 그날까지,
혹은 영원히 멈춰버린 듯이

1. 디디

겨울은 나의 시작이었다

나는 12월 십몇 일쯤 세상에 나올 예정이었다고 한다.
그때의 어머니는 늘 불안했다고 한다.
언니가 태어나지 못했던 1년 전의 아픔이 여전히 마음속에 남아 있었기에, 나의 탄생은 부모님의 큰 기쁨이었다.

하지만 그 기쁨과는 달리, 나는 한때 '나는 왜 태어났을까' 하는 물음을 품고 살았다.
되돌아보면, 내 생일이 있었기에 버텼던 시기였다.
내 생일은 크리스마스다.
그래서 아버지는 나를 낳았을 때, 기독교 친구들에게 한턱냈다고 했다.
딸을 낳았음에도 말이다.

1990년대 시절에도 남아선호사상이 짙게 남아 있었기에, 첫 돌잔치를 집에서 유난히 치렀던 걸 친할머니는 못마땅해하셨다고 했다.
그 못마땅함은 시장 사람들에게 험담 아닌 험담으로 흘러갔다고 한다.

요즘 나는 내 안의 물음들을 조용히 바라본다.
태어남은 누구에게나 낯설고 고통스러운 시작이지만, 이제는 그 고통이 전부 나쁘지만은 않다는 걸 안다.
누군가의 불안과 기대, 기쁨과 두려움이 뒤섞인 마음속에서 나는 세상에 왔다.
그 모든 감정이 없었다면 지금의 나도 없었을 것이다.

살아오며 조금은 알게 되었다.
태어남의 고통을 미워하기보다, 그 안의 마음을 이해하려고 애쓰는 일이 어쩌면 성장의 시작일지도 모른다.
그래서 요즘은 이렇게 생각한다.
태어난 것이 고통이라면, 그 고통을 견디며 살아내는 일은 사랑에 더 가깝다고.

올해는 내 생일을 스스로 축하해볼 생각이다.
누가 해주지 않아도, 내가 나를 위해 작은 초를 켜고 싶다.
차가운 공기 속에서도, 촛불 하나쯤은 따뜻하게 빛날 수 있지 않을까.

겨울은 언제나 나의 시작이었다.
그래서 나는 올해, 겨울처럼 느리지만 단단하게, 다시 태어나보려 한다.

1. 류광현

하얀 겨울의 그리움

하얀 눈이 내린 고요한 밤에
저 멀리 선 네 모습이 아른거린다
찬 바람에 흩날리는 그리움은
너 없는 이 겨울을 아득히 채우고

멀어진 네 길목, 홀로 걷는 뒷모습이 시려
끝내 닫힌 문 앞에 주저앉은 내가 널 놓아야 했던 날
사랑이라 불렀던 그 뜨거운 마음이
왜 그리도 아픈 선택이 되어야 했는지

마음이 부서져 내린 겨울밤, 널 놓아야 했던 날
이유는 너무 많았고, 내 눈물은 감춰야 했지
하얀 설원 위엔 슬픈 네 그림자만
조용히 삼켜낼 수밖에 없던 우리의 이별

매일 밤 그리움이 칼날처럼 파고들어
가슴을 헤집어도 돌이킬 순 없어
사라져도 사라지지 않는 너의 온기
아무리 애써봐도 텅 빈 가슴엔 네 이름만 울려 퍼져

마음이 부서져 내린 겨울밤, 널 놓아야 했던 날
이유는 너무 많았고, 내 눈물은 감춰야 했지
하얀 설원 위엔 슬픈 네 그림자만
조용히 삼켜낼 수밖에 없던 우리의 이별

흩날리는 눈꽃처럼 부서져 간대도
내 삶의 한편엔 너라는 사랑이 영원히 남아
어쩔 수 없던 이별, 이제야 널 놓아본다
이 쓸쓸한 겨울밤 끝에 서서
마지막으로 네 행복을 빈다
나는 여전히 너만을, 온 마음 다해 그리워한다

1. 박수진

흔한 겨울

나는 창턱에 턱을 붙이고 창밖을 쳐다보고 있다. 오늘도 눈이 오나 안 오는지 확인하려고. 오늘도 눈은 오지 않는다. 곧 크리스마스인데 왜 눈이 오지 않을까? 외할머니가 그랬다. 크리스마스에 눈이 내리면 아빠가 찾아올지도 모른다고.

엄마는 몇 년 전에 하늘로 떠났다. 아빠는 지방에서 일을 하고 있다고 했다. 나와 할머니는 비탈이 심하고 단층 주택이 즐비한 동네에 산다. 하지만 애들이 그러는데 요즘은 아파트가 유행이어서 이런 데 사는 건 후진 거라고 했다. 정말 기분 나쁜 얘기다. 왜 어디에 사는지로 후지다 안 후지다고 말하는 건지.

나는 이 겨울이 지나면 초등학교에 입학한다. 조금 두근거리기도 하지만 한편으로는 잘 해낼지 자신이 없다. 왜냐하면 나는 아빠도 같이 살지 않고 엄마는 없기 때문이다. 그래서 나는 늘 아빠를 기다린다. 아빠가 너무 보고 싶다. 물론 엄마도 너무 그립다. 하지만 엄마는 내가 너무 어릴 때 떠나서 기억이 하나도 없다. 엄마에 관해 물으면 나는 할 수 있는 게 아무것도 없다. 정말 슬픈 일이다.

"뭘 그렇게 보니?"

외할머니의 마르고 단단한 손이 내 정수리를 부드럽게 쓰다듬었다. 나는 고개를 돌려 외할머니를 쳐다봤다. 온화한 미소와 따뜻한 숨소리가 좋다. 나는 생긋 웃으면서 말했다.

"눈이 오나 안 오나 보고 있어요."

"눈은 왜?"

"아빠가 와야 하니까······."

"아빠는······."

외할머니는 말하다 말고 쓸쓸한 눈으로 나를 쳐다봤다. 그러다 다른 소리를 했다.

"이번 크리스마스에는 뭘 받고 싶어?"

"나?"

나는 초롱초롱한 눈으로 다시 창밖 하늘을 보며 말했다.

"커다란 곰 인형!"

"많이 큰 거?"

"응, 아아아아아주 큰 거!"

나는 허공에 커다란 원을 그리며 말했다. 그러자 외할머니가 웃으면서 말했다.

"방도 좁은데 그걸 놓을 데가 있겠어?"

나는 고개를 돌려 방안을 쳐다봤다. 방은 한 칸짜리고 그 안에 싱크대와 텔레비전, 옷장이 있었다. 다른 집에 있는 침대나 소파 따위는 없었다. 그나마 안에 화장실이 있는 건 축복 같았다. 대신 집에서는 이상한 냄새가 났다. 외할머니는 그게 곰팡내라고 했다. 지하 단칸방에는 원래 그런 냄새가 난다고 했다. 어떤 날은 그 냄새가 심해지고 어떤 날은 모를 때도 있었다. 기분 탓인 것 같다. 나는 그냥 아무 냄새가 안 난다고 믿고 살기로 했다. 이 집에서 오래 살아서 이제 친근하다.

"춥다. 이쪽으로 와."

외할머니가 전기장판 쪽으로 나를 잡아끌었다. 나는 외할머니의 허벅지에 머리를 기대고 누웠다. 장판 곁에는 외할머니가 간식으로 쪄놓은 고구마가 단내를 풍겼다. 나는 작은 고구마 하나를 들어 껍질을 벗기고 입안에 넣었다. 보드랍고 찬 덩어리가 입안에 채워졌다. 외할머니는 돈을 아껴야 한다면서 보일러를 잘 켜지 않았다. 그러다 보니 전기장판 위만 제일 따뜻했다. 다른 곳은 북극같이 추웠다. 그러다 보니 나는 집에서 내복 위에 옷을 두 벌이나 더 껴입고 있다. 양말도 신고 있는데도 발이 시렸다. 나도 애들이 말하는 되게 따뜻한 아파트로 이사를 가서 엘리베이터도 타고 싶고 커다란 놀이터에서 신식 놀이기구도 타보고 싶다. 아빠가 돌아오면 빨리 이사 가자고 말하고 싶다.

"할머니…… 아빠랑 언제 통화했어요?"

"아빠랑?"

외할머니는 또 머뭇거렸다.

"응? 언제!"

나는 재촉했다.

"좀 됐네."

"쳇, 아빠는 내가 보고 싶지도 않은 건가?"

외할머니가 따뜻한 손으로 내 찬 볼을 만지며 말했다.

"그럴 리가."

"그러면 왜 전화를 안 해? 내 목소리가 듣고 싶지도 않은 거예요?"

"듣고 싶을 거야. 하지만 너무 바쁜 게지."

나는 금세 시무룩해지고 말았다. 어쩌면 이러다 아빠가 오지 않을지도 모른다. 벌써 세 번째 크리스마스인데 아빠는 오지 못하고 있었다. 개인적인 사정이라면서 오지 않았다. 첫 번째는 사고가 나서 못 오고 두 번째는 일이 바빠서 못 왔다. 이번에도 못 오면 아빠는 나를 영영 보지 않을 작정인지도 모른다. 그렇게 되면 나는 어째야 하지? 외할머니의 건강도 예전 같지 않았다. 잠이 많아지고 여기저기 안 아픈 데가 없어서 먹는 약의 종류가 계속 늘어나고 병원에 가는 시간도 잦아졌다. 내가 외할머니를 돕는 건 한계가 있었다. 그러다 외할머니가 잘못되면 어떻게 해야 하나 걱정이었다. 아빠라도 가까이 있어야 부를 텐데 연락도 잘되지 않아서 큰일이다.

아빠는 이대로 나를 버리려는 걸까? 눈물이 차올랐지만 애써 고개를 저어 담담해졌다. 이런 생각에 한번 사로잡히면 멈추기 힘들었다. 그러니까 깊이 생각하지 않으려고 했지만 종종 애들이 그렇게 말했다. 버림받은 거라고. 아빠가 왜 여태 오지 않겠냐고! 그건 더 이상 나를 사랑하지 않는 거라고.

나는 입술을 꾹 다물었다. 그럴 리 없다고 믿고 싶었다.
"인제 그만 자자. 가서 치카하고 와야지."
"귀찮아요."
나는 외할머니의 가슴으로 파고들었다. 마르고 퍽퍽한 할머니의 가슴팍에서 특유의 살냄새가 났다. 고소하고 달콤한 냄새가 났다. 외할머니가 두 팔로 나를 꼭 안아줬다. 세상에 혼자 버려졌다고 생각할 때마다 외할머니의 품 안으로 파고 들어갔다. 그러면 마음이 진정됐다. 외할머니는 나한테 산소와도 같았다. 산소가 없으면 사람은 죽는다고 했다. 내게 그랬다.
"할머니 아프지 마세요."
"응, 노력해야지."
"난 할머니가 세상에서 제일 좋아요."
"나도."
나는 눈가에 번지는 눈물을 외할머니의 옷자락에 문댔다. 불길하고 불안했다. 왜 그러는지 이유를 알지 못했다.

크리스마스 당일이 되었다. 밤이 되도록 아빠는 오지 않았고 연락도 없었다. 외할머니가 밖에서 누군가와 통화하는 소리가 들렸다. 나는 천천히 문가로 다가가 문을 조금 열고 바깥쪽 소리에 귀를 기울였다.

"그래도 아범, 한번은 와야 하지 않겠어?"

아빠가 뭐라고 하나보다.

"아무리 새로 결혼해서 새 가정을 이뤘다고 해도 이건 아니지 않나? 애가 불쌍하지도 않아? 뭐? 아이가 태어날 예정이라서 못 오는 거라고? 그러면 그전에라도 잠깐 들렀어야지. 이 핑계 저 핑계를 대면서 아이를 이렇게 방치해서 쓰나? 애가 정말 얼마나 애타게 기다리는데!"

아빠가 뭐라고 하는 소리가 들리자 나는 방문을 박차고 나가 외할머니의 손에 들린 휴대폰을 빼앗았다. 그리고 귀에 대고 말했다.

"아빠!"

-어…… 지우야!

"아빠, 새엄마랑 아기랑 행복하게 잘 살아. 나는 걱정하지 마! 괜찮아. 하지만 외할머니가 아플 때는 나한테 와줘. 나는 혼자 할 수 있는 게 없어서…… 너무 무서워."

-……내가 미안해.

"그것만 약속해 줘! 그거 외에는 소원 없어!"
-미안.

외할머니가 곁에서 훌쩍거렸다. 나는 휴대폰을 외할머니에게 내밀고 방 안으로 들어와 문을 닫았다.

"자네 정말 실망이야. 이제 애까지 다 알아버렸어. 어쩔 텐가! 애를 저렇게 쓸쓸하게 키워서야 하나? 자네 자식이야! 새로 태어나는 애만 자네 자식이 아니고. 둘이 공평하게 마음 다치는 일 없이 키워야 하는 거 아닌가!"

외할머니가 휴대폰을 끊고 방 안으로 들어오더니 울먹이는 나를 끌어안았다. 나는 외할머니의 품 안에 안겨 와앙 울어버렸다.

2. 박수진

겨울 언니

 나는 가만히 사진을 쳐다봤다. 사진 속에선 언니와 내가 환하게 웃고 있었다. 언니는 8살에서 나이가 멈췄다. 겨울에 얼어붙은 호수에서 놀다가 바닥이 깨지면서 그 안에 빠졌고 결국 그렇게 세상을 떠나고 말았다. 나는 그걸 고스란히 다 보면서 아무런 도움도 주지 못해 극심한 괴로움과 슬픔에 빠졌다. 죽어가는 언니가 허우적대며 살려달라는데도 나는 손을 뻗기만 했을 뿐 아무것도 해줄 수가 없었다. 나는 고작 6살이었다. 언니의 몸을 끌어 올릴 힘이 없어서 울면서 소리를 지를 뿐이었다.

 살려주세요! 제발, 살려주세요.

 하지만 어른들은 늦게 왔고 결국 언니는 차디찬 호숫물 속에서 그렇게 식어갔다. 언니 사진을 보면 늘 그날이 떠올랐다. 그래도 들여다본다. 나는 겨울이 싫었다. 언니가 사라진 계절이어서 그날이 싫었다. 그 차디찬 온도가 되면 모든 기억이 고스란히 떠올라 온몸이 시렸다. 그날의 공기와 분위기가 온몸에 남김없이 새겨진 것 같았다. 나는 이불 속으로 파고 들어갔다.

"세아야!"

엄마다.

"눈사람 만들자!"

싫다. 그게 뭐가 그리 중요하다고.

"세아야!"

엄마가 다가와 이불을 젖히고 내 허리에 팔을 감았다. 8살이 된 나는 여전히 엄마보다 작았다. 언니와 동갑이 되었다.

"엄마!"

"응."

"언니…… 안 보고 싶어?"

엄마는 아무 말도 하지 않았지만 뒤에 닿은 엄마의 몸이 굳어가는 게 느껴졌다.

"보고 싶지."

"그러니까 나한테 이러지 마!"

"그게 무슨 상관이야?"

"겨울은…… 언니가 생각나는 계절이야. 그래서 난 겨울이 세상에서 제일 싫어. 나는 언니가 떠난 계절에 웃고 싶지 않아. 즐거워지고 싶지도 않아. 행복해서도 안 돼."

"아니, 딸!"

엄마가 기가 막힌다는 듯이 자리를 박차고 일어서더니 내 몸을 흔들어댔다. 등을 보이고 있던 내 몸을 돌린 엄마가 굳은 표정의 나를 보더니 웃음을 지웠다. 내가 심각하다는 걸 깨닫고 엄마도 한껏 진지한 얼굴로 말했다.

"누가 그래? 웃어도 안 되고, 즐거워도 안 되고, 행복해도 안 된다고!"

"……내가!"

나는 시선을 피하고 퉁명스럽게 답했다.

"그게 무슨 소리야! 세상에 그런 게 어디 있어! 언니와 상관없이 너만의 겨울을 만나야지! 8살의 첫 겨울이야. 내년엔 9살의 첫 겨울일 거고. 그때마다 너에겐 새로운 추억과 기억들이 차곡차곡 쌓여갈 거야."

"필요 없어!"

"언니는…… 그 쌓인 눈 속에서 더욱 편안히 잘 거

야. 네가 자꾸 자는 언니를 흔들어 깨우면 안 돼. 그러면 언니가 잠을 못 자서 힘들 거야. 언니는 편히 쉬기 위해 하늘로 갔어. 다음 생을 준비하기 위해서."

"다음 생?"

"응, 너를 만나기 위한 다음 생."

"그게 뭔데?"

"사람이 죽으면…… 어쩌면 새롭게 태어날지도 몰라. 새가 될 수도 있고 나무가 될지도 모르지. 그렇게 다시 우리 곁으로 오려고 언니는 준비하고 있겠지. 그 잠을 네가 자꾸 깨우면 언니가 우리한테 오는 시간만 뒤로 밀려나는 거야."

"진짜?"

나는 발딱 일어나 앉아 눈을 휘둥그렇게 키웠다. 그래서는 안 된다. 언니가 최대한 빨리 우리 곁으로 돌아오게 해야 한다. 그게 어떤 모습이든.

"보이지 않아도 어떤 세상은 그렇게 존재하기도 하지. 그 세상을 네가 믿는다면 틀림없이 너의 강한 바람은 언니에게 전해질 거고 어느 날 문득 네 곁에 언니가 스쳐 지나갈지도 몰라. 그러니까 세아야! 그렇게 시무룩해져서 불행과 친구 하려고 하지 마. 좋은 생각은 아니야. 네가 행복해지고 좋은 기억들이 많이 쌓일수록 언니가 더 빨리 네 곁으로 오게 될 거야. 긍정적인 감정이 네 언니를 빨리 성장하게 해 줄 거야."

거짓말이고 황당한 소리라는 걸 알면서도 나는 엄마의 그 말에 속아 넘어가고 싶어졌다. 언니가 돌아온다는 꿈같은 그 말에 심장이 아프게 두근거렸다. 나는 재빨리 옷을 입기 시작했다. 패딩점퍼에 목도리, 두툼한 바지와 양말, 털모자와 장갑까지 갖추고 나갈 채비를 마쳤다.

"눈사람 만들 거야!"

"좋아!"

나는 엄마와 손을 잡고 힘찬 표정으로 겨울 부츠에 발을 꿰었다.

1. 김채림(수풀)

붕어빵 한 봉지 손에 들고는

노릇노릇 바삭한

붕어빵 하나가

향기를 남긴다

팔딱팔딱

뛰는

너의 심장 소리

그런 너를

사랑하므로

내 입안을

미소 짓게 하는구나

1. 박지우

겨울 값

겨울이 돌아온다
겨울이 내게로 뛰어온다

새하얀 온기로 무장한 너는
사랑 섞인 눈빛으로 묻겠지

올해는 무슨 일들이 있었냐고

그러면 나는
눈동자를 돌리며
한 조각의 장난처럼 속삭일 거야

내 이야기를 들으려면
값을 치러야 해

하얗고 부드러운 눈으로
손끝을 녹이는 코코아로
시리고 사랑스러운 공기로

겨울이 돌아온다
겨울이 다시 내게로 뛰어온다

그리고 너는 묻겠지
사랑을 담은 눈빛으로

내 이야기를 들으며
어느새
잠의 세계로
살짝 놀러 가도 좋아

1. 지한아

집순이

모든 것이 건조해지기 시작한 겨울이 왔다
이번 겨울도 손에는 귤 하나
옆구리에는 패드 하나 들고
집에만 있어야지

그러다 가끔 붕어빵이 땡기면
붕어빵 아저씨 찾으러
가끔가끔 기어 나가는
그런 평범한 겨울을 보내야지

1. 박성민 (運作)

달리는 눈, 멈추지 않는 마음

유난히 추운 겨울이었다
마스크 뒤로 웃음이 사라지고
창밖엔 눈 대신 침묵이 내렸다

울산 708번 버스
그 안은 또 다른 겨울의 지구였다

나는 매일
피로한 얼굴들을 태우고 달렸다
그들의 하루는 무겁고
내 핸들은 가벼웠다

그때 문득
이 버스에도 크리스마스가 오면 어떨까

눈이 내리지 않아도
마음이 내릴 수 있다면

나는 버스 안에
별빛을 걸고, 리본을 달고,
좌석마다 웃음을 매달았다

그날부터
버스는 달리는 눈송이가 되었다

아이의 손바닥 위로
웃음이 스치고
어르신의 눈가에
빛이 스며들었다

엔진 소리 대신 캐럴이 흐르고
그제야 깨달았다
이동이란
몸을 옮기는 일이 아니라
마음을 나누는 일이라는 걸

지금도 나는
밤거리 위를 조용히 달린다
눈처럼, 산타처럼

잠시 멈춘 신호 위로
하얀 숨이 피어오를 때
누군가의 겨울에도
내 작은 온기가 내리기를

2. 박성민 (運作)

하얀 숨, 느리게 피어오르다

새벽 네 시
차고의 공기는 눈보다 차갑다

엔진을 예열하는 동안
나는 조용히 창문을 닦는다
손끝에서 얼음이 녹고
하얀 숨이 유리 위에 피어오른다

그 숨결이
마치 기도로 들린다

오늘도 누군가의 하루를
먼저 달려 맞이해야 하는 사람의 마음

동쪽 하늘이 옅게 밝아올 때
나는 핸들을 쥔다
그 작은 원 안에
하루의 모든 이야기가 담긴다

버스가 도로를 벗어나면
도시의 첫 빛이 깨어난다
그때마다 나는 느낀다
겨울의 시작은
항상 조용한 숨결에서 온다는 걸

1. 정진혁

떠나고 보니 봄이었다

겨울도 따스함을 원했나 보다
떠나고 나서 봄인 걸 보니

눈서리도 벚꽃을 보고 싶었나 보다
떠나고 나서 만개한 걸 보니

뱀은 겨울잠에서 깨어나고 싶었나 보다
허물 벗고 잠에서 깨어난 걸 보니

당신은 아직 겨울에 머물러있나 보다
아직 잠에서 깨어나지 않는 걸 보니

나는 당신에게 봄인가 보다
당신이 내 곁에 있는 걸 보니

나는 아직 따뜻한가 보다
당신이 나를 사랑하는 걸 보니 말이다

떠나고 보니 봄이었다

이토록 따뜻한 걸 보니
겨울도 따스함을 원했나 보다

1. 나아영

즐겨 울 겨울

즐거울 겨를 없는
즐겨 울겨울

세상은 창백하게 쌀쌀맞고
하루는 길다
기대는 짧고
더 길고 긴 밤이 찾아온다

검은 미로 속에서
길을 잃었다
오도 가도 못한 채
그 자리에 선다

떨군 고개를 들어
주변을 둘러보니

나와 같은 별들이 많다

긴긴밤
서로의 손을 잡고
우린 열심히 춤을 춘다

그렇게 우리는
서로의 자리가 되고
서로의 길이 된다

눈이 내리면
잠시 멈춰 바라본다
예쁘게 쌓여간다

우리도 행복이 쌓일 날이 오겠지
아침은 올 거야
기다리며 웃자

즐거울 나날 많을
즐겨 우리 겨울

1. 참새

시린 겨울을 떠올리며

내게 겨울을 표현하라고 하면 너무 어렵다. 시리고 또 차갑지만 예쁜 눈송이 같은 계절이라고 해야 하나. 그런 겨울은 내게 슬픈 시련과 예쁜 첫사랑을 주고 떠나 버렸다.

어린 시절 나는 불행했다. 부모님이란 원래 존재하지 않았다. 그러나 나에겐 할머니가 계시니까 신경 쓰지 않았다. 하지만 어떤 순간에나 이별은 있더라. 할머니는 어린 날 두고 떠났다.
그때 난 고작 열여섯이었다.
그렇게 하루하루를 울던 어느 날. 아주 평범한 겨울날. 첫눈이 내리던 날이었다.
사람들은 두꺼운 외투에 목도리를 착용하고 있었지만, 나는 목이 늘어난 반팔 티에 슬리퍼 차림이었다.

그때 계절 감각이 없었던 것 같다. 슬픔에 뒤덮여서.
눈물 한 방울이 뺨을 타고 흘러내렸다. 눈물은 수도 없이 흘렀다. 아직도 흘릴 눈물이 남아있다는 게 너무나 서글펐다. 사람들은 모두 날 이상하게 쳐다봤고 나는 그 시선을 느끼며 걸어갔다.
발가락이 시려왔다. 코끝이 벌게졌다. 손이 차가웠다.

누가 나 좀 신경 써줘.
누가 나 좀 지켜줄래.

힘없이 걸어가던 그때.

"야!"

누군가 뒤에서 나를 불렀다. 아무런 감정 없이 뒤를 돌아봤다. 내 또래의 남자아이였다.
그 아이는 내게 달려와 목에는 목도리를 손에는 따뜻한 장갑을 쥐여주었다.
앤 뭐지?
"필요 없어, 다시 가져가."

내 말을 그 아이는 무시하며 자기 할 말만 했다.
"지금 많이 힘들지. 많이 아프고 시리지? 근데 어쩔 수 없잖아. 살아남았으면 행복해야지."
그리고 그 아이는 싱긋 웃으며 말을 이었다.
"나중에 다시 만날 때. 나중에 아주 나중에 네가 행복해졌을 때 돌려줘야 해."
그렇게 그 아이는 내 시야에서 사라졌다.

사랑이었나?

따뜻했다.

그래 첫사랑이었다.

그리고 현재 내가 어른이 되었을 때 그 아이를 찾아서 가끔 이 동네를 찾았다.
이번 겨울도 너에게 목도리와 장갑을 돌려주기 위해 그 동네를 배회했다.

"야!"

이번에는 밝게 뒤를 돌아보았다. 네가 해준 말들을 기억하기에.

시린 겨울을 떠올리며.

1.이언(利言)

겨울 손님

올해는 머나먼 수평선 너머로
겨울이 오지 않을 줄 알았는데

마음까지 새카맣게
타들어 갈 것 같던 어느 여름날

저 멀리 하늘과 바다가
은밀히 사랑하고 있는 곳에서도
아무 소식조차 없다가

어느 순간 잽싸게 다가와
옷자락 질질 끌며 느직느직
떠나는 여름의 뒤꿈치를 깨물었어

마음이 급한 겨울은
어린아이같이 펑펑 우는
여름의 눈물을 뒤로한 채
그 등을 싸늘하게 떠밀 뿐

아 늦잠을 자던 나 역시
겨울 손님에게 호되게 혼났다
코끝을 깨물리는 것도 모자라
폐부(肺腑)를 깨무는 차가움에 눈 떴으니

2. 이언(利言)

귤

귤은 아주 사랑스러워

거울을 마주 보고
그 이름 불러보면
아주 귀여운 표정
마주하고 웃겠지

그 표정 그대로
귀엽고 앙증맞은
둥그런 녀석에게
가볍게 입 맞춰

따스한 겨울의 주문이야

1. 이하(李霞)

겨울에는

처음에 반짝 뜨거운 사람보다
끝까지 따스한 사람이고 싶어
걸음의 박자가 일정할 순 없겠지만
마음의 물결이 늘 잔잔하진 않겠지만
한데 모아보면, 너무 삐뚤빼뚤하지 않은
나만의 방향이 직선처럼 그어진다면
떨어지지 않은 선이라면 얼마나 좋을까
그 생각으로 사계를 지나오면
얼음 같은 바람이 거리를 뒤덮고 있겠지
그래도 푹신한 의자에 편히 앉을 수 있을 거야
따끈한 차 한 잔에 지친 몸 녹일 수도 있겠지
올해도 여기까지 잘 왔구나,
한 마디로 다독이면서.

2. 이하(李霞)

강물에 내리는 눈

당신 오신다 하여
면면이 새하얀 소식
하늘에 매달린 송이송이 솜

갓 뎁힌 백설기
먹기 좋은 모이처럼
잘게 뜯어 쥐여준 조각조각을

옅은 분홍 강물에
어디든 닿아도 좋아서
멎은 듯 나는 듯 떠 있으면

고운 바지 다리듯
길게 뻗은 느린 열차도
어스름 업고서 들떠 흐르네.

1. 김종이

휴식

날카로운 추위가
볼을 스치는 계절,
그는 한가로이
차분한 숨결을 내디딘다.

장갑과 목도리
단단히 여미는 계절,
그는 두 팔 벌려
제 품에 스며드는 눈송이들을
맞이한다.

지나간 열기와
긴 고통의 계절을 씻어내듯,
그는 고요히
겨울을 만끽한다.

1. 빈 숲

결

결이 맞는 사람과
겨울을 보낸다

초록 사과 따라
초록 사랑 보여주는
사람

빨간 딸기 따서
빨간 입술 내어주는
사랑

겨울맞이 붕어빵 사다
겨울 향기 담아주는
사람

눈 보며 눈 만지고
눈 맞춰주는
사랑

결이 맞는 이와 함께 살아간다

1. 안현희 마리스텔라

추운 겨울 이별을 하고

하얀 꽃비가
내리는 날 우리는
한강 유람선을 탔고
웃음보따리 풀어놓고

새들에게
바람에게
하늘에게 맹세했어
서로의 안녕을

초록이 짙은
남한산성 장경사에서
밤하늘의 별을 보고
너와 나의 별을 찾고

달님에게
별님에게
부처님에게 맹세했어
우리의 앞날을

가을빛 찬란한
남이섬에서
하늘 자전거를 타고
낙엽비를 맞으면서

손도 잡고
입술의 온기도 느끼며
늘 함께하자
영원한 사랑을 맹세했지

추운 겨울
우리는 차가운 겨울의 냉기처럼
서로의 발자국을 남기며 멀어져 갔어
눈이 내린 어느 날

1. 강대진

겨울 눈길

겨울의 절정
하얀 숨결이 내 걸음에 겹쳐 듭니다

누군가 지나간 자리 위로
또 다른 발자국이 쌓여갑니다

소리 없는 인연들
다시 만날 듯 스치고
아무 말 없이 멀어지는 뒷모습이
눈발 속에 묻혀갑니다

그대의 이름을 불러보아도
메아리조차 희미한 겨울의 절정
손끝에 닿던 온기는

이젠 바람의 기억으로 남아
눈처럼 흩날립니다

지금 이 길 위 내 마음도
그대 향한 발자국 하나 남기고
조용히 사라질까요?

하얀 적막 속에서 사랑의 온기를 잃은 채
저의 겨울은 그렇게 깊어만 갑니다.

2. 강대진

그리움의 겨울밤

유난히 길던 밤이었습니다
불빛조차 숨죽인 창밖으로
하얀 눈이 내리고 있었습니다

그대의 이름을 부르려다
숨결 속에 삼켜버립니다
말 한마디가 눈송이 되어
조용히 흩어질까 두려워서

기억의 끝에서
그대가 돌아보는 듯하지만
가까이 다가설수록
그 모습은 더 멀어집니다

이 밤이 깊어 갈수록
그리움은 쌓여만 가고
내 마음 한편엔 눈보다 차가운 기다림이
소리 없이 내립니다.

1. 희로

종말의 계절

끝이 다가올 때
세상은 소문만큼 떠들썩하지 않았다

오히려 고요는 한 겹 더 깊어진 비단처럼
모든 소음을 잠식하며 내려앉았다

뉴스 속 화면에서는
핏빛으로 깜빡이는 카운트다운이 흐르고
하늘은 낯선 빛의 춤으로 가득했지만

정작 내 마음을 더 오래 잡아끈 것은
창밖을 묵묵히 흐리게 덮는 눈발이었다

그 눈 속에는 슬픔마저 삼켜버리려는 듯

소리 없이 세상의 마지막을 그려내는
고집이 스며 있었다

"진짜, 마지막 눈이래."

그녀가 내뱉은 그 한마디는
왠지 평범한 겨울 오후에 투정하듯 흘러나왔다

전혀 힘을 싣지 않은
너무도 투명한 음성이었다

나는 억지로 웃음을 지었지만
손끝에서 미세하게 떨림이 번져 나왔다

이 떨림이 추위 때문이었는지
아니면 알 수 없는 영원의 무게 때문이었는지

우리의 마지막 계절이
이렇게 찬란한 하얀빛으로 끝나가리라고는
상상조차 해본 적이 없었다

심장이 아릴 만큼 멀고 선명한 색깔로

"그러게, 우리, 봄은 못 보겠네."

봄이라는 단어가 이리도 멀고도
손에 닿지 않는 미래처럼 느껴진 적이 있었던가

만질 수도
기약할 수조차도 없이
아른거리는 신기루 같았다

그런데도 그녀는 쌓여가는 눈만 바라보았다

"그래도 눈이 참 예쁘다."

너는 어떤 종말 앞에서도
반짝이는 파국 속에서조차
아름다움을 찾아내는 사람이구나

나는 입김처럼 순간 숨을 멈췄다

어쩌면
사랑이란게 그런 걸지도 모른다고

모든 것이 끝나버릴 줄을 알면서도
그 덧없는 순간의 눈부심에 기꺼이 마음을 내어주는 일

소멸의 언덕 위에서 피어나는
가장 격렬한 슬픔과 희망의 동시다발

마지막 눈발이 속절없이 사라지는 풍경 속에서
우리는 완벽에 가까운 사랑의 고요를 바라보고 있었다

영원히 얼어붙을 것처럼
그러나 한없이 뜨겁게

1. 가빈

겨울이란

가슴 아픈 계절이 저물고
마지막 낙엽이 적실 때
하얀 숨결이 세상을 덮었다.

손끝이 시리던 계절,

차가운 공기 속에서도
너의 웃음은 맑았다.
함박눈을 맞아도 웃던 너,
그 눈빛이 아직 내 안에 쌓인다.

이제는 그 자리엔 나 혼자,
소복이 쌓인 추억 위를 걷는다.
눈은 고요히 내리고

세상은 숨을 죽인다.

그리움의 끝엔
묘한 미소가 번졌다.

겨울이란,
너를 잃고도
너로 살아 있는 계절,
다시 웃게 해 준 계절.

2. 가빈

백지

가을은 마지막까지
세상을 물들이며 떠났다.

붉음, 노랑, 갈색
모두 이별의 빛이었다.

그리고 겨울이 왔다.
모든 색이 사라지고
세상은 하얀 솜으로 덮였다.

이젠, 여러 색이 없다.
공백일까.

하지만 나는 안다.
하얀 것은
비워진 게 아니라
다시 칠하려는 마음이란 것을.

눈 내린 들판 위에서
희미한 봄빛이 번지기 시작했다.

1. 잔잔오

겨울의 온도

저마다의 겨울의 온도는 어떨까.

누군가에겐 따뜻한, 또 누군가에겐 차디찬 그런 계절이 다가오고 있다.

나의 겨울은 이제 33번째이다. 매번 돌아오는 겨울은 항상 크게 변하는 것은 없는 듯하다.

작년보다 더 춥거나 눈이 더 많이 오거나 혹은 그 반대거나 하는 정도의 변화 말고는.

나의 겨울은 춥지 않고 딱 좋은 체온 정도가 된 듯하다. 가을을 보내고 목이 따끔거릴 것만 같은 조금은 더 날 선 공기가 느껴질 때쯤 집에 있던 트리 장식을 치웠던 그때부터였으려나. 불과 몇 년 전이다.

가장 뜨거웠던 겨울은 내 기억 속 첫 트리가 집에 있

고 산타 할아버지가 내 선물을 주고 가실까 기대하며 밤을 보내던 날이었던 것 같다. 그 이후론 조금은 빠르게, 나의 현실 속에는 산타 할아버지가 없다는 것을 알게 됐고 좀 더 지나서는 내리는 눈은 찰나에 빛나고 바닥에 닿는 순간 내 바지와 신발을 더럽히는 진눈깨비가 되어버린다는 걸 또 금세 깨달아버렸다.

 세상이 나를 중심으로 돌아간다고 믿었던 때가 있었다. 내가 작품 속 주인공인 것 같고. 온통 하얗게 내리는 함박눈도 나에게 곧 좋은 일이 올 거라고 말해주려는 줄 알고. 지금 떠올려보니 그때 그 나름대로도 행복했던 것 같긴 하다. 하지만 이제는 추억할 수 있는 내 모습이 더 마음에 든다. 그저 앞으로 다가올 수많은 겨울에 안녕히 잘 보내자고 말하고 싶다.

 항상 정답은 무엇일까, 세상이 바라보는 나는 어떤 모양이어야 맞는 것일까를 생각하며 괴로워했다. 무슨 시험 문제도 아니고 살아가는 데에 정답이란 것은 없다는 걸 이미 알고 있었지만 쉽사리 받아들이며 사는 것은 어려웠다. 가능하면 보기 좋은 모양이고 싶었던 거다. 하지만 이제야 누구에게 보기 좋을 건지에 대해 생각하니 그건 바로 나다. 내가 나를 보는 것이 제일 중요해졌다. 지금의 나는 내 모양이 마음에 드는지 그래서 행복은 한 건지. 정작 나를 돌보는 것에 소홀했다. 내가 남을 마음껏 사랑하지 못한 건 나 자신도 사랑하지 못해서라는 걸 내가 나를 똑바로 바라보고, 명확해지니 그제야 변명의 여지 없이 인정할 수 있었다. 난 삶이라는 작품 속의 주연도, 조연도 아닌 관객이었던 것이다. 누구에게나 마음에 드는 결말로 끝맺음 되길 바라며 작품을 바라보는 관객.

난 나를 애늙은이로 알고 살았는데 이제 보니 그냥 어른 아이였다는 걸 알았을 때 꽤 충격이었다. 내가 그리 둔감하고 눈치 없지 않은데 몰랐다니 싶어서. 내가 나를 제대로 모르면 전혀 다른 사람으로 알고 살 수도 있다는 걸 처음으로 알았다. 그래서 그렇게 MBTI가 변덕이 죽 끓듯 바뀌었나. 비교적 늦게 안 거라 생각하면 좀 더 빨리 좀 깨닫지 하며 후회가 되다가도 지금이라도 안게 그래도 다행이지 않나 생각하며 나를 위로해 본다.

지금의 나는 내리는 눈을 그저 아름답게만 바라보지 못한다는 사실이 그리 슬프지만은 않기에 나의 겨울은 온기를 유지하고 있다. 33번째 겨울을 맞이하는 동안 뜨겁게 터져버릴 듯 불타올랐다가 또 어떤 날에는 차디차게 식어버리기를 반복하며 이제 아무렴 괜찮다 할 수 있는 온도가, 내가 되어갔다. 이제 나도 '나이를 먹었다'라고 말할 수 있는 가장 큰 변화가 아닐까. 난 그래서인지 나의 세기에서 지금의 30대가 참으로 소중하고 행복하게 느껴진다.

 아, 그러고 보니 이번 겨울은 조금은 다를 것 같다. 우리 집 사랑둥이 멍멍이 머랭이와 같이 처음 보내는 겨울일 테니까. 오랜만에 나의 겨울은 좀 더 열기를 품게 될 것 같다. 다시 자그마한 트리라도 하나 놔볼까 싶다.

1. 하린

겨울의 호흡

추위는 늘 먼저 도착하지만
온기는 늘 조금 늦게 배달된다

입김을 손에 모아도
쉽게 흩어져 버리는 계절에서
가장 오래 남는 것은 온도가 아니라
소리의 방향

크리스마스 노랫소리가 모퉁이를 돌 때
마음도 따라 한 박자 늦게 몸을 튼다
창문 밖으로 스며든 불빛이
사람의 심장을 더 빨리 데운다

눈 위의 발자국은 쉽게 지워지는데
지워진 자리가 되려 더 환해서
한동안 시선이 거기 머문다

이 계절에서 추위보다 먼저 녹는 건
들리지 않는 화음
다정은 항상 소리보다 천천히 오지만
가장 멀리까지 닿는다

우리는 온기가 아니라
온기가 있었던 쪽으로 자꾸 걷는다

2. **하린**

겨울 편지

하얀 숨결이 창가에 내려앉는 아침,
나는 오래된 마음을 꺼내
너에게 편지를 쓴다.

한 줄의 문장마다
묻어나는 침묵과 차가운 빛,
그 속에 아직 지워지지 않은 네가 있다.

바람은 조용히 창문을 두드리고,
나는 아무 말 없이
겨울의 끝을 기다린다.

시간은 눈처럼 조용히 쌓여
우리의 흔적을 덮어가고,

남겨진 건 몇 줄의 편지와
지워지지 않는 그림자뿐.

가끔은 오래된 기억이
눈발처럼 문득 마음에 스쳐와,
그때의 온기와 목소리가
아직도 겨울빛 속에 머물러 있는 듯해.

잊었다고 믿었던 이름,
그 이름을 부르면
차가운 공기 속에서도
잠시 따뜻해지는 나의 마음.

이제 이 편지를 덮으며,
마음 한켠의 불빛을 천천히 끈다.
다 전하지 못한 말들은
눈 속에 묻어두기로 한다.

3. 하린

겨울이 내 안에 머물 때

겨울이 내 안에 머물 때면
모든 소리가 멀어지고,
기억은 눈처럼 고요히 내려앉는다
그 속에서 나는
아직 녹지 않은 마음 하나를 본다.

나에게 스치는 계절처럼
조용히 왔다가 지나가는
하나의 흔적이 내 마음을 채운다.

소복히 쌓이는 눈 속 아름다움을
비워내듯 그 속에서 나는
잠시 머무는 것들의 의미를 배운다.

시간의 눈 속을 걸으며
나는 천천히 깨닫는다.
모든 만남은 흩날린 눈발 같아서
머무는 순간에만 빛난다는 것을.

그래서 이제는 붙잡지 않는다.
스쳐 간 온기와 그림자마저도
내 안의 겨울이 품어 안는다.

1. 이은지

미련한 것

어렴풋이 스치는 기억들이
사라지는 그해에 우리는
아무래도 겨울이 낯설었다.

내 겨울은
그리도 미련한 것이었다.

1. 김혜지/헬리아

겨울, 왔으나 오지 않은 사람

첫눈이 내리던 날, 나는 약속을 믿었다.
하늘은 잿빛 구름을 잔뜩 머금고 있었고, 세상은 숨을 죽인 듯 고요했다.
유리창 너머로 흰 입자들이 조심스레 흩날릴 때, 나는 휴대폰을 들고 있었다.
메신저 창엔 '오늘 진짜 첫눈이에요'라는 내 마지막 문장이 남아 있었다.
그는 읽었지만 답장은 없었다.

그와 나는 데이팅 앱에서 처음 만났다.
낯선 이름, 그러나 금세 익숙해진 호흡.
그는 말수가 적었고, 나는 불필요한 말을 싫어했다.
그는 이모티콘 대신 문장 부호를 자주 썼다.
마침표 하나에도 생각이 묻어나는 사람이었다.

그런 그가 어느 날 말했다.
"첫눈 오는 날, 볼까요?"

그 말이 농담인지 약속인지 분간되지 않았지만,
그날 이후 나는 하늘을 자주 올려다보았다.
기상청 예보를 하루에도 몇 번씩 확인했고,
코트를 꺼내며 괜히 미리 거울 앞에 서보기도 했다.
첫눈이 내리는 날 누군가를 만나러 간다는 건,
그 자체로 이미 한 편의 영화였다.

그리고 마침내, 그날이 왔다.
눈은 예보보다 일찍 내렸다.
나는 길게 한숨을 내쉬었다.
'이제, 진짜 오는구나.'
그 말이 가슴 깊은 곳에서 조용히 울렸다.

우리가 만나기로 한 곳은 버스정류장 앞의 카페,
이름은 '윈터 블루'였다.
작은 창가엔 겨울 장식이 걸려 있었고,
커피잔의 김이 창문을 희미하게 흐리게 만들었다.

나는 약속 시각보다 스무 분 일찍 도착했다.
처음 만나는 사람을 기다리며 눈이 내리는 것을 보는 일,
그건 어쩐지 소설 속 장면 같았다.

세 시, 세 시 십오 분, 세 시 반.
휴대폰 화면은 고요했다.
메시지는 오지 않았다.
커피는 식어갔다.
창밖의 눈발만 점점 더 촘촘해졌다.

그날 이후로 나는 '기다림'이 이렇게 무겁다는 걸 알았다.
시간은 느리게 흘렀고, 머릿속에서는 수많은 변명이 맴돌았다.
길이 막혀서 늦는 걸까, 아니면 카페를 찾지 못한 걸까.
하지만 그럴수록 마음 한구석이 서서히 식어갔다.

나는 코트를 여미고 밖으로 나왔다.
버스정류장에는 사람 몇 명이 서 있었다.
눈이 어깨에 내려앉자, 그 흰 점들이 금세 녹아내렸다.

버스가 도착했다.
나는 망설임 끝에 올라탔다.
차창 옆자리에 앉아, 눈으로 덮인 거리를 바라봤다.
세상은 희미한 흰빛으로 잠기고 있었다.

그리고 그 순간—
난 직접 봤다. 차창 밖 너머로 걸어가는 그 녀석을.
검은 코트를 입고, 두 손을 주머니에 찔러 넣은 채였다.
천천히, 그러나 망설임 없이 걸었다.
그가 향하는 길의 끝에 '윈터 블루'가 있었다.
그러니까 그는 왔었다.
그러나, 나에게 오지 않았다.
그는 왔으나 오지 않았다.

버스는 천천히 출발했다.
눈발이 유리창을 스쳤고, 그의 모습은 점점 희미해졌다.
나는 창문에 손을 대보았다.
유리창 너머의 차가움이 손끝을 타고 심장까지 스며들었다.
그를 부르고 싶었지만, 목소리가 얼어붙었다.

그날의 눈은 그와 나 사이의 거리를 더 넓혔다.

버스 안은 따뜻했다.
히터 바람이 흐르고, 사람들은 조용히 각자의 목적지로 향했다.
나는 창밖에서 멀어지는 거리를 바라보며 생각했다.
그는 분명 이곳에 왔다.
하지만 나에게 오지 않았다.
그건 거절이 아니라, 어떤 방식의 작별이었다.

그날 이후로 나는 첫눈을 믿지 않게 되었다.
첫눈은 약속의 상징이 아니라, 부재의 예고장이었다.
눈은 아름답지만, 그 아름다움은 언제나 이별과 닮아 있다.
내리는 순간엔 반짝이지만, 닿는 순간엔 녹는다.
그리고 사라진다.

그날 이후로 버스를 탈 때마다 창밖을 본다.
사람들이 걷는 뒷모습, 불 꺼진 가게의 간판,
그리고 눈발 사이로 흔들리는 불빛.

어쩌면 또다시 그를 보게 될까,
그 생각만으로도 잠시 멈춰 선다.

그날 이후로, 나는 나를 기다리게 되었다.
누군가의 발걸음을 기다리던 자리는 이제 내 마음의 자리가 되었다.
기다림의 끝에는 언제나 사람이 아니라,
'나 자신'이 서 있었다는 걸 알게 되었다.

시간은 흘러 또 다른 겨울이 왔다.
거리엔 캐럴이 울리고, 트리 위엔 금빛 전구가 반짝였다.
나는 카페에 앉아 창밖을 바라봤다.
눈이 내렸다.
하얀 조각들이 공중에서 부서지며 조용히 쌓였다.
버스 한 대가 천천히 정류장을 지나갔다.
그 안에, 예전의 내가 앉아 있는 것 같았다.
차창에 비친 얼굴은 조금 더 차분했고,
그때의 설렘 대신, 이해가 깃들어 있었다.

나는 미소를 지었다.

이제는 알 것 같았다.

어떤 사람은 만나야 하고, 어떤 사람은 스쳐야 한다는 것을.

모든 기다림이 결실로 이어지지 않아도 괜찮다는 것을.

그날의 눈은 나를 상처입히지 않았다.

다만, 나를 깨닫게 했다.

그는 왔으나 오지 않았다.

그리고 나는 오지 못했으나, 그날 비로소 나에게 도착했다.

그 한 문장이 내 겨울의 요약이었다.

이제 눈이 내리면, 나는 멈춰 선다.

가로등 아래 쌓이는 흰 조각들을 바라보며,

잠시 그날의 버스 창을 떠올린다.

세상은 변했지만, 눈은 여전히 같은 속도로 내린다.

사람은 떠나지만, 기억은 그렇게 남는다.

눈은 내리고, 모든 것을 덮는다.
말하지 못한 마음도, 전하지 못한 인사도.
하지만 완전히 지우진 않는다.
희미하게 남겨, 언젠가 다시 꺼내보게 만든다.

그날의 눈은 사람을 기다리게 하지 않았다.
다만, 스스로를 마주하게 했다.
그래서 나는 오늘도 눈을 본다.
그리고 마음속으로, 아주 조용히 그를 건넌다.

2. 김혜지/헬리아
겨울, 종이학 천 마리의 이별이었다

2월 17일, 그의 생일이었다.

함박눈이 도시를 삼키듯 쏟아졌다.

나는 공중전화 부스 안에 웅크린 채, 얼어붙은 손끝으로 동전을 굴렸다.

수화기 너머로 들려오는 신호음이 눈발 사이를 헤매듯 길게 이어졌다.

전화는 끝내 받지 않았다.

그날, 세상은 눈부시도록 하 지만 내 안은 아무 색도 없었다.

유리창엔 내 숨결이 하얗게 맺혔다.

그 위에 '생일 축하해'라는 말을 손가락으로 써보았다가 이내 지워버렸다.

축하라는 단어가 내겐 너무 따뜻해서, 이 추운 날에는

어울리지 않았다.

함박눈은 쉴 새 없이 내렸고, 그가 오기로 했던 시간은 이미 세 번쯤 지나 있었다.

나는 그가 오지 않으리란 걸 알면서도 부스를 떠나지 못했다.

눈송이가 부스 위로 쌓였다.

그 무게에 천장이 서서히 내려앉는 것 같았다.

주머니 안에는 초콜릿 하나, 그리고 손수 만든 케이크 조각이 있었다.

그가 가장 좋아하던 맛이었다.

하지만 초는 꺼진 채로 차가워졌고, 초콜릿은 손의 열에 녹아 종이 포장에 번졌다.

그가 좋아하던 달콤함이, 그날따라 유난히 썼다.

"지금 같이 있어."

그의 친구가 대신 전화를 받았을 때, 나는 아무 말도 하지 않았다.

바람이 유리를 흔들었고, 눈이 수화기 위에 소복이 쌓였다.

기다림의 끝은 늘 같은 모양이었다.
고요하고, 차갑고, 잔인할 만큼 확실했다.

나는 케이크 상자를 부스 바닥에 두고 나왔다.
발밑의 눈이 눌리며 바스락거렸다.
함박눈이 얼굴에 닿자, 순간적으로 뜨겁게 아팠다.
그날의 추위는 단순한 날씨가 아니었다.
감정이 식어가는 소리가 공기 속에서 들렸다.
그의 생일이, 나의 이별이 되었다.

그날 이후, 나는 종이학을 접기 시작했다.
무언가를 잊기 위해서가 아니라, 무언가를 기억하기 위해서였다.
첫 번째 학의 날개는 젖어 있었다.
눈물이 닿은 자리마다 종이는 얇게 투명해졌다.
두 번째 학은 조금 더 단단했고, 세 번째는 완벽하게 접혔다.
그리움이 접힐수록 내 마음은 더 작아졌다.

누군가는 말했다. 종이학 천 마리를 다 접으면 소원이

이루어진다고.

나는 그 말을 믿었다. 아니, 믿는 척이라도 해야만 했다.

그래야 손끝이 멈추지 않았다.

접힌 종이들이 쌓여가면서 방 안은 점점 조용해졌다.

바스락거림조차 기도의 소리처럼 들렸다.

내가 할 수 있는 건 오직 그것뿐이었다.

사랑을 붙잡지 못한 대신, 기억이라도 모양으로 남기고 싶었다.

하루가 지나면 또 하루가 왔다.

손끝은 트고, 피가 났다.

붉은 점이 흰 종이에 번지며 얼룩을 남겼다.

그 자국이 지워지지 않기를 바랐다.

그건 아픔이 아니라, 존재의 흔적 같았다.

겨울은 유난히 길었다.

서랍 속 종이들이 닳아가고, 창문에는 서리가 피었다.

나는 하루에도 몇 번씩 창밖을 바라봤다.

눈이 내릴 때마다, 그가 다시 나타날 것 같은 착각이 들었다.

하지만 돌아온 것은 눈뿐이었다.
그의 목소리는 이미 다른 계절로 떠난 지 오래였다.

천 번째 학을 접던 날, 다시 눈이 내렸다.
그날도 2월이었다.
공중전화 부스가 있던 거리엔 새로 들어선 커피숍이 있었다.
유리창 너머로 노란 불빛이 흘렀다.
나는 가만히 창가에 앉아 커피를 식히며 그 시절의 나를 떠올렸다.
전화 부스 안에서 떨던 손, 꺼지지 않던 신호음, 녹아내리던 눈송이.
그 모든 장면이 내 안에서 아직도 천천히 내리고 있었다.

천 장의 종이학은 천 개의 기억이었다.
누군가는 사랑을 말로 남기지만, 나는 접힌 날개들로 남겼다.
그리움이 많을수록 학의 선은 더 고요하게 완성되었다.
나는 마지막 학의 날개를 펼치며 속삭였다.

"이제 그만, 잘 가."

바람이 창문을 스쳤다.
천장에 매달린 학들이 동시에 흔들렸다.
그중 몇 마리가 실이 끊겨 바닥으로 떨어졌고,
몇 마리는 바람을 타고 창밖으로 흩어졌다.
눈발에 섞여 사라지는 모습이 낯설지 않았다.
이제는 붙잡을 수 없다는 걸 알고 있었으니까.

그날 밤, 방 안은 유난히 따뜻했다.
남은 학들이 벽에 부딪히며 내는 소리가 자장가처럼 들렸다.
나는 오랜만에 깊이 잠들었다.
이별이 끝난 자리에 평온이 찾아오는 순간이었다.

시간은 흘러 어느새 1년이 지났다.
다시 2월 17일.
눈이 내리고 있었다.
거리에는 공중전화 부스가 사라지고, 그 자리에 가로등이 서 있었다.

나는 조용히 그 아래 섰다.
손에 들고 있던 마지막 종이학을 하늘로 던졌다.
눈발 속에서 하얀 날개가 천천히 회전하며 사라졌다.
그 방향이 어디든, 이제는 괜찮았다.

나는 속으로 말했다.
"생일 축하해."
그 말이 공기 속에서 흩어질 때, 마음 한쪽이 따뜻해졌다.
이제는 울지 않고 그 말을 할 수 있었다.

겨울은 다시 왔지만, 그때의 겨울은 돌아오지 않았다.
공중전화 부스도, 기다림도, 그날의 눈발도 사라졌지만
내 안에는 여전히 한 장의 종이가 남아 있었다.
때때로 나는 그 종이를 꺼내어 접는다.
소원을 빌지도, 이름을 부르지도 않는다.
다만 조용히, 그 시절의 나를 다독이듯 접는다.

언젠가 그 학이 바람을 타고 어딘가로 떠난다면,
그건 마지막 인사가 될 것이다.

잘 가, 그리고 고마워.

겨울, 종이학 천 마리의 이별이었다.
하지만 그 이별은 끝이 아니라, 내 안의 사랑이 다른 형태로 살아남은 증거였다.
그 사랑이 있었기에, 나는 여전히 봄을 기다릴 수 있었다.
눈이 내리던 그날처럼, 세상은 여전히 하얗고 조용했다.
그 고요 속에서 나는 한 장의 종이를 펼쳤다.
그리고 아주 작게, 다시 한번 접기 시작했다.

3. 김혜지/헬리아

겨울은 기억을 절이는 계절

 겨울이 오면 공기 속에 오래된 냄새가 섞인다. 김이 피어오르는 듯한 따뜻한 냄새, 흙냄새, 그리고 고춧가루의 매운 향. 그 냄새는 언제나 외할머니의 마당으로 나를 데려간다. 마당 한가운데엔 커다란 대야가 놓여 있고, 그 속에서 배추가 하얀 숨을 쉬었다. 소금이 하늘에서 내리는 눈처럼 뿌려지고, 할머니의 손끝은 쉼 없이 움직였다. 그 손의 주름마다 세월이 묻어 있었다. 할머니는 추위를 잊은 듯 맨손으로 배추를 뒤집으며 말했다. "이렇게 절여야 겨울을 잘 나지."

 그 시절의 겨울은 김장으로 시작됐다. 사람마다 달력을 보지 않아도 알았다. 바람이 매워지고, 김장거리를 실은 트럭이 골목마다 드나들면, 아, 이제 곧 김장을 할 때구나 했다. 아침 햇살이 비치는 마당에서 김장 대야를 닦는 할머니의 모습은 한 편의 풍경화 같았다. 흰 김이 피어오르고, 고춧가루가 눈처럼 흩날렸다. 겨울은 그렇게, 할머니의 손끝에서 익어갔다.

할머니의 손맛은 단순한 조리 기술이 아니었다. 그것은 기억의 온도였다. 손끝에서 나온 따뜻함이 김칫소의 양념을 감싸고, 그 양념이 배추 사이사이에 스며드는 동안 가족의 한 해가 함께 절여졌다. 고춧가루의 붉은빛은 사랑의 온도였고, 마늘의 향은 인내의 냄새였다. 소금물에 배추를 담그는 일은 마치 세월을 저장하는 의식처럼 느껴졌다.

나는 어린 시절 그 옆에 쪼그리고 앉아 있었다. 고춧가루에 물든 할머니의 손등은 마치 붉은 겨울꽃 같았다. 그 손이 배추를 감싸안을 때마다 바람이 한결 부드러워졌다. 배추의 숨이 죽을 때까지 할머니는 묵묵히 손을 놀렸다. "배추는 소금이 아려야 속이 단다." 할머니의 말은 늘 단순했지만, 세상을 견디는 비법 같았다.

김장이 끝나면 수육이 삶아졌다. 커다란 냄비에서 김이 솟고, 그 냄새가 집 안 구석구석을 채웠다. 김치 속의 양념을 한 숟가락 올린 수육 한 점은 겨울의 전부였다. 그 맛에는 가족의 온기가, 할머니의 노동이, 그리고 계절의 정직함이 녹아 있었다. 입안에 퍼지는 짠맛과 고소한 맛이 이상하게 따뜻했다. 그 한 점으로 긴 겨울을 견딜 수 있을 것 같았다.

 김장독은 마당 끝, 가장 그늘진 자리에 묻혔다. 커다란 항아리가 줄지어 서 있고, 그 위에는 눈이 소복이 쌓였다. 할머니는 항아리마다 천을 덮고, 조심스레 흙을 덮었다. 그 모습은 마치 한 해를 묻는 의식 같았다. "이제 다 됐다." 할머니가 그렇게 말할 때면, 마치 시간도 함께 묻히는 것 같았다. 봄이 오면 그 항아리에서 꺼낸 김치는 새로운 계절의 문을 여는 열쇠가 됐다.

 겨울이 깊어질수록 김치의 맛도 달라졌다. 처음엔 바삭하고 짭조름했지만, 시간이 지나면 사근사근한 신맛이 났다. 그 변화는 마치 사람의 인생 같았다. 처음엔 강하고 직선적이지만, 시간이 흐르면 둥글어지고, 부드러워진다. 할머니는 말했다. "사람도 김치 같아. 너무 급하면 안 돼. 천천히 익어야 맛이 나지."

 그 말의 뜻을 나는 한참 후에야 이해했다. 익는다는 건 기다림의 다른 이름이었다. 시간 속에서 서서히 변하고, 단단해지고, 결국 자신만의 맛을 가지게 되는 것. 그건 김치의 법칙이자, 삶의 법칙이었다.

 어느 해 겨울, 할머니는 더 이상 김장을 하지 않았다. 손마디가 굳어버리고, 대야를 들 힘이 사라졌다. 그해는 시장에서 김치를 사다 먹었다. 김치 맛은 나쁘지 않았지만, 이상하게도 밥이 잘 넘어가지 않았다. 냉장고 속 김치는 깔끔했지만, 냄새가 없었다. 그 안엔 손끝의 온도도, 마당의 흙냄새도, 기다림의 시간도 들어 있지 않았다.

 할머니가 떠난 뒤, 마당의 김장독도 사라졌다. 겨울은 여전히 오지만, 그때의 겨울은 다시 오지 않는다. 그러나 이상하게도 어느 날 문득 그 냄새가 되살아날 때가 있다. 버스 정류장 옆 김치찌개 집 앞을 지날 때,

가끔 바람결에 섞여 오는 고춧가루 냄새가 그 시절의 마당으로 나를 데려간다. 그 냄새는 단순한 향이 아니라, 기억의 문이었다.

나는 이제 어른이 되어 스스로 김치를 담근다. 할머니처럼 능숙하진 않지만, 배추를 절일 때마다 그 시절의 마당이 떠오른다. 손끝이 시릴 정도로 찬물에 배추를 담그면, 그 안에서 과거의 시간이 조용히 흔들린다. 김칫소를 버무릴 때, 나는 문득 깨닫는다. 할머니가 남긴 건 김치의 맛이 아니라, 기다림의 미학이었다는 것을.

김치가 익어가는 동안 세월도 익어간다. 땅속 깊은 곳에서 김장독이 온기를 품듯, 마음의 독도 추억을 품는다. 겨울마다 그 속의 기억이 조금씩 익어, 봄이 오면 한 숟가락의 그리움으로 꺼내 먹게 된다.

겨울은 기억을 절이는 계절이다.
찬바람 속에서 사람의 마음도 소금에 절여진다. 아픔은 짠맛이 되고, 그리움은 단맛이 된다. 세월이 지나면 그 모든 맛이 하나로 어우러진다. 김치가 익어갈수록 맛이 깊어지듯, 사람의 삶도 그렇게 숙성되어 간다.

 나는 지금도 겨울이면 김치를 담그며 할머니를 떠올린다. 붉은 양념이 손끝에 번질 때마다, 그 시절의 냄새가 되살아난다. 고춧가루의 따가움 속에, 수육 한 점의 따뜻함 속에, 외할머니의 겨울이 아직 살아 있다.

 겨울은 그렇게, 추억을 발효시키는 계절이다.
 눈이 내리면 마당의 김장독 위에도 하얀 시간들이 쌓인다. 그 속에서 사랑은 여전히 익어간다.
 그리고 나는 오늘도 그 기억의 한 점을 꺼내 먹는다.
 한 젓가락의 김치 속에서, 외할머니의 손맛이 아직도 따뜻하다.

1. 신정현

동백

서릿발 차디찬 아침
동백꽃 한 송이 후두둑 떨어진다

붉디붉은 꽃잎 하얀 눈 위에
피처럼 깊이 번진다

겨울은 깊고 꽃은 지고
그러나 나무는 푸르다

얼어붙은 땅속
뿌리는 살아남아 봄을 기다린다

떨어진 꽃송이 위로
다시 눈이 내려
조용히 덮는다.

1. 명랑소녀

겨울의 모닥불

겨울에 캠핑을 하면
나뭇가지를 모아
불을 피운다

나뭇가지에서 나는
타닥 소리에 잠시
눈을 감아본다

꽁꽁 언 손도 발도
녹여주는 모닥불이 있어
마음이 따뜻해진다

1. 이다솔

겨울, 그 끝에 봄

겨울바람이 부는 길목에
하얀 눈송이가 내려앉는다

차가운 공기 속에 숨결은 김이 되고
하늘은 점차 어두워지며
그리운 이의 이름을 불러본다

눈꽃이 피고 지는 곳
땅은 고요하게 잠이 든다

그 사이로 스며드는
별빛은 차갑고도 따스하다

한 걸음, 한걸음 발을 내디딜 때마다
발자국이 뚜렷이 남고
흰 땅 위로 흩어진 꿈들이

눈꽃이 되어 이리저리 날아간다

그대의 따스한 품에서
흩어지는 바람에 겨울이 더 깊어만 가고
구름은 어둠 속에서 하늘을 품고,
대지 위로 흘러가다 길을 잃는다

시간은 멈추고 차가운 손끝에서
눈물이 맺혀 흐른다

겨울은 끝을 알지 못하지만
나는 알고 있다

어둠이 지나고 나면
봄이 올 것을…

하얀 눈 속에서 새싹은 피고
찬바람 속에서 희망은 다시 살아난다

그리고 우리는 다시
그 길을 걸어가고 또 걸어간다

2. 이다솔

서릿발과 고요

새벽 언저리,
차가운 서릿발이 풀잎 끝에 매달린다

바람은 얇은 숨결로 스치고
발밑에서 눈 부스러기가 바스락 깨어난다

지붕 끝에 걸린 고드름 소리는
햇빛에 맞춰 조심스레 울리고
오래 잠든 들판은
하얗게 눕힌 고요만 품고 있다

길가의 나뭇가지들도
바람결에 조금씩 어깨를 고른다

사람들의 발소리는
눈 위에서 작게 번져
곧 적막 속으로 스며든다

겨울은 모든 움직임을
느리게, 더 느리게 눌러
세상의 겉 소리를 하나둘 지워낸다

그리고 남는 것은 고요 속에서
비로소 들리는 우리의 속살음

찬 기운 아래 작은 온기가 얼마나 단단한지,
겨울은 이렇게 모아둔 침묵으로
우리가 놓쳤던 따스함을
조용히 일깨워 준다

1. 신혜

겨울이 싫었습니다.

겨울이 싫었습니다.

차갑고 무섭고, 세상이 다 멈춘 것 같았습니다.

사람들은 연말이라며 웃고 떠들지만, 저는 그 웃음소리 속에서 점점 작아졌습니다.

나는 하루하루가 힘들고 고단한데, 저 사람들은 도대체 뭐가 그리 즐거운 걸까요.

저는 봄을 좋아합니다. 싱그러운 새싹들이 피어나는 그 봄을요.

그 사람이 봄을 좋아했고, 그 미소가 좋았기에 나도 자연스레 봄을 좋아하게 되었습니다.

겨울은 늘 차갑습니다. 모든 생명을 덮고, 모든 온기를 삼켜버리니까요.

아마 나를 이렇게 만든 것도 겨울일지 모르겠습니다.

저는 잘못한 게 없으니까요. 정말이에요.

그러니 빨리 겨울이 지나가면 좋겠습니다.
그러면, 그 사람이 다시 저를 찾으러 와줄 테니까요.
그 사람은 차가운 바람을 싫어했습니다.
"춥다, 나가기 귀찮아."
춥고 귀찮다며 밖에 나가기 싫다고 늘 투덜댔죠.
그래서 저도 자연스레 밖에 나가는 시간이 줄었습니다. 저는 그게 좋았습니다.
그 사람의 무릎 위, 그 손끝의 온기, 그게 세상에서 제일 따뜻했으니까요.
그런데 그날만큼은 달랐습니다,
저를 안고, 작은 몸에서 그렇게 많은 눈물을 흘려내던 그 사람을 보았습니다.
그만 울면 좋겠다고 생각하며 그저, 그 곁에 있었습니다. 울음을 멈추길 바라며.
며칠 뒤, 그는 다시 웃었습니다. 마치 아무 일도 없었던 사람처럼. 저는 안도했습니다.
그 사람의 웃음은 늘 제가 알던 봄을 닮았으니까요.
그렇게 나가기 싫어하던 그 사람이, 그날따라 저와 함께 밖으로 나갔습니다.
저는 그를 따라갔어요. 그 사람과 함께니까, 추워도

괜찮았어요.

그리고 그날 이후, 저는 그 사람을 다시 볼 수 없었습니다.

조금만 더 기다리면 올 거예요.

봄이 오면, 분명 그럴 거예요.

하얀 눈이 내립니다.

차갑고 무거운 눈들이 제 몸을 덮어갑니다.

얼마나 더 기다리면 봄이 올까요.

나는 아직, 그 사람이 돌아올 거라 믿고 있습니다.

적막한 길 위에서, 조용히 꼬리를 흔들며.

1. 해원[전갈마녀]

눈사람

입김 모아
언 손끝을 데워요
당신이 올 때까지
그렇게 쓸쓸함을 다독여 보아요

꼼지락꼼지락
언 발끝을 녹여요
당신이 올 때까지
그렇게 조바심을 눌러 보아요

당신 있는 곳으로
당장 달려가고 싶지만
눈사람인 듯
여기서 기다리고만 있네요
당신도... 그런가요.

1. 김서연

겨울빛에 숨은 마음

겨울이 오면
너에게 말하지 못한 마음이
더 또렷해진다.

차가운 바람이 불 때마다
네 이름이 얼음 위에 새겨지듯
가슴 속 어딘가에 아프게 남는다.

눈송이 하나하나가
전하지 못한 말 같아서
하늘로 올려다보며
혼자만의 고백을 흩뿌린다.

너와 함께 걷는 길은

언제나 평범한데
내 마음은 그 위에
매일 첫눈이 내리는 것처럼
하얗게 설레고, 시리다.

닿을 듯 닿지 않는 거리,
겨울 햇살처럼 멀기만 한 너에게
오늘도 아무 말 하지 못한 채
조용히 마음만 쌓여간다.

언젠가 이 겨울이 녹아내릴 때
내 짝사랑도 함께 녹아 사라질까—
그런 생각을 하며
또 너를 바라본다.

1. 숨이톡

따뜻한 겨울 되면 좋겠습니다

따뜻한 얼음꽃이 눈송이 되어
한들한들 바람 따라 날아도 보고
아래로 더 가까이 내려와서는
쌓여가는 눈꽃이 겨울을 깨웁니다.

털실 두른 시린 손 온기를 담아
뭉쳐도 녹아내린 겨울이 되고
바라보는 차가움도 온기에 덮여
눈 덮인 겨울은 포근합니다.

하얀 마음 하나로 촛불을 켜면
하얀 생각 하나가 종소리 되고
하얀 가슴 하나에 소망도 피는
하얀 세상 더 하얀 사랑입니다.

차가운 겨울에도 볕이 내리면
번져가는 온기에 웃음꽃 피고
단비 같은 눈꽃이 곳곳에 피어
반짝이는 마음들로 향기가 되는

아름다운 겨울이 하늘 아래로
따뜻하게 내리면 좋겠습니다.

쌓여가는 눈꽃이 하늘 저위로
올라가는 온기 되면 좋겠습니다.

1. 아낌

겨울 초저녁

두 볼에 추위가 닿는다
한 겹 한 겹 쌓일 때마다
밤은 빠른 걸음이 된다
웅크린 사이에 어둠이 깃들까
초조해졌고
오늘이 벌써 끝났나
확인하는 일이 많아졌다

설명할 수 없는 틈 안으로
냉기가 들어올 때
나는 감기로 훌쩍였다
누군가 나에게 우냐고 물었다
아니란 말에 안도하는 표정이 보였고
여린 미소를 마주할 수 있었다

삶은 문득 기분 좋은 오해로
안부를 건넨다
두 팔을 감고 있던 찬 공기가
온순해진 건 그때부터였다
창밖을 보지 않고도
조금 느긋해질 수 있었다

오늘이 아직 끝나지 않았구나
혼잣말로 안도할 수 있다

1. 조현민

군고구마

 겨울이 오면 도시의 공기는 유난히도 차갑고 단단해진다. 숨을 들이쉴 때마다 코끝이 얼어붙는 느낌이 들고 손끝은 장갑 속에서도 서늘함을 버리지 못한다. 그러나 그 차가운 계절을 견디게 해주는 것들이 있다. 나에게는 늘 '군고구마'가 그중 하나였다.

 골목 어딘가에서 피어오르던 얇고 고소한 연기 익어가는 고구마의 달콤한 향은 겨울만이 가진 작은 축복처럼 퍼져나갔다. 발끝이 얼얼해도 숨을 후 내쉴 때마다 흰 입김이 길게 드리워져도 그 냄새를 맡는 순간엔 이상하게 마음이 따뜻해졌다. 마치 차가운 계절에도 여전히 따뜻함이 살아 있다며 다독여주는 느낌이었다.

 막 꺼낸 군고구마는 손에 쥐기만 해도 뜨거워서 한겨울의 얼어붙은 감각을 단숨에 녹여버렸다. 조심스럽게 껍질을 벗기면 김이 몽글몽글 피어오르고 황금빛 속살은 겨울 하늘처럼 고요했다. 한입 베어 물면 안쪽까지 잘 익은 단맛이 혀끝에 퍼지고 뜨거움에 입술을 오므리면서도 미소가 새어 나왔다.

군고구마를 먹는 일은 단순한 간식 이상의 시간이 되었다. 추운 계절 속 작은 위로를 발견하는 일 마음 깊숙이 남아 있는 겨울의 기억을 되살리는 일 그리고 잠시나마 느긋해지는 일 어릴 적엔 이 뜨거운 고구마를 손난로처럼 움켜쥐고 집으로 돌아가는 길이 그렇게 좋았다. 손은 따뜻하고 마음은 그보다 조금 더 따뜻했다.

지금도 겨울이 오면 군고구마가 생각난다. 화려한 조명도 반짝이는 축제도 아닌 길모퉁이의 작은 드럼통 난로 위에서 천천히 익어가던 그 소박한 풍경이 떠오른다. 겨울을 나는 법은 거창하지 않다는 걸 그 군고구마가 매번 알려주었다.

그리고 어쩌면…

내가 정말 그리워하는 건 고구마의 맛이 아니라 그 계절 속에서 잠시 멈춰 서서 따뜻함을 느낄 수 있던 나 자신인지도 모른다.

1. 고원(변혜린)

내 겨울은

내 겨울은
좋은 감정은 없다.
시린 것, 그 이전에
걷잡을 수 없이 아픈 것이
내 겨울에 있다.

1. 윤세아

준동(濬冬)

시린 숨이 날 선 공기 위로 흩뿌려져 하얗게 번진다
눈앞을 적시는 샛바람이 품 안에 달려와 선선하게 안겼다
단지 겨울이라 그렇다고
스스로를 감당할 수 없을 만큼 맹목적이게 되는 이유가
타오를 만큼 거센 불길이 일어 심장을 데우는 뜨거움이
폐부를 파고드는 바람의 아릿함 때문이라
얼어붙은 감각을 일깨우고 차게 식은 눈빛을 녹이기 위함이라
겨울이라 그래
목덜미가 붉게 익어버린 것도
한시도 멈춰있지를 못하겠는 것도
어리숙하게나마 변명을 온몸에 바르고는 당차게 서 보지만

결국 무너지는 건 늘상 정해져 있는 일이다
피부끝의 온도에 내려앉아 족족 묽어지는 눈꽃처럼
그렇게 스며들 수는 없을까
차마 내비칠 수 없는 욕심에 수없이 입술을 닫기를
반복하지만
그런 이성에 반하여 턱끝까지 차올라 버린 진심은 기어이 숨을 막는다

사랑해

세상에서 이 세글자만큼 뾰족한 단어는 없을 것이다
입안에 가득 담고 있을 때 이리도 아픈 것을 보면
당장이라도 뱉어내야 살 것처럼 압박하는 것을 보면
공기분자들의 움직임마저 얼어붙게 하는 서늘함의
틈으로 수줍게 번지는 열띤 고백이
나붓나붓 밀려 나와 진심과 섞여 쏟아져 내린다
존재하는 모든 순간을 더없이 바란다는
여리게 내쉬는 숨결 한 점마저 아낀다는
하늘하늘 떨어지는 눈발을 가득 머금고 중얼인 그 순간
혀끝을 마비 시킬 만큼 달콤한 관념들이 너에게로 흘

날려져 붉게 울렸다
가슴을 물들이는 답변이 심장으로 박혀와 아찔하게 퍼졌다
하- 우리의 새벽이 하얀 숨으로 칠해지고 있었다

1. 남화정

겨울의 온도

겨울의 온도는
손끝으로 어루만질 수
없을 만큼 시렸다

모든 사람들이 얼어버렸고
나 역시 차갑게 굳었다

하지만 너는 여전히
뜨겁고 따뜻했다
그래 넌 여전히
너의 온도 그대로였다

변함없는 너의 온기
속에서 영원을
다짐한 순간이었다

1. 한유나

첫눈처럼 첫사랑을 떠나보내고

우리 그때 나름 괜찮지 않았어
1년의 끝을 적어 보낸 동백꽃 잎 연서는
추억을 상징한 멸망의 첫 불씨가 되었고

난 하늘에서 내리던 첫눈이 그토록 미웠을 때가 없었어
알고 있어?
이젠 대답도 돌아오지 않는구나

너의 계절은 겨울부터 시작이지
나의 계절은 너로부터 시작인데

이제 난 무슨 계절을 기다리며 매년을 버텨야 해
날마다 바뀌는 날씨는 더는 보이지도 않아 너 때문에

겨울을 애정한다고 말하던 눈빛이
내 쿵쾅거리던 심장박동과 닿았을 때
왜인지 점점 더 차가워지기만 했던 건

결국에 넌 나보다도, 나와 함께한 계절보다도
이별을 감싸 쥔 계절을 고대하며 사랑했던 거구나

1. 장시원

겨울이 한눈에 들어왔다

겨울이 갑자기 내게 왔다
여름이 지나고 숨 돌릴 틈도 없이 왔다
눈을 떠보니 겨울이어서
겨울이 한눈에 들어왔다

겨울이 한눈에 들어온 이유는
지나간 가을이 낙엽처럼 눈에 밟혔고
다가올 봄이 벌써 따뜻하기 때문이다

지나감과 기다림 사이의 간극 안에
너라는 겨울이 있고
그렇게 흘러 흘러
내 모든 것의 일부분이 된다

2. 장시원

거울에 반사되어 또다시 겨울

밤늦게 자전거를 타다가 달에게 인사를 건네려 잠깐 멈춰 세우고
옆에 있는 큰 거울에도 고개를 끄덕였다

선선한 바람이 부는 와중 거울이 품고 있던 것은
아직 보내지 못한 지난봄, 여름, 가을
그리고 겨울

내가 품었던 나의 사계절을 구경하려 더 가까이 들여다보았다

반사되어 비춘 풍경들에 꽃을 심어주는 거울의 모습이 담겨 있다
하천의 시냇물에 쨍하게 스며든 빛을 보았다

단풍잎을 앞으로 뒤로 볼 수 있게 하는 풍족함을 선
사한다

추울까 봐 새싹의 잉태를 덮어놓은 눈을 보았다
또다시 겨울이 오고 있다
이번엔 어떤 모습을 담겠느냐

1. 박성희

겨울 미장센

나는 겨울이 미적인 계절이라고 생각하는데
넌 어때?

창밖으로 흐르는 고요함이
나를 오롯이 이 겨울에 존재하게 해

사실 이번 겨울은 크리스마스 장식도 하고 싶지 않아. 고작 겨울이 줄 수 있는 기쁨을 크게 확대하려는 심보 같거든. 굳이 겨울을 기쁘게 보내야 할 이유는 없어. 내가 평생 목도한 겨울은 그런 게 아니니까. 세상이 새하얀 눈에 다정히 안기는 순간을 즐기면 되는 거야.

난 겨울의 고요함이 좋아
특별한 미장센은 필요 없어
오히려 덜어낼수록 멋있을걸

느리게 흘러가는 겨울의 장면들이 필름을 가득 채워 줄 거야. 겨울의 무슨 장면을 좋아해? 겨울의 넘쳐나는 미적인 순간 중 딱 한순간을 포착해 보자. 그 장면 안에 널 곡진히 담아 줄게. 나의 뮤즈가 되어줘. 비로소 이번 겨울은 완벽해.

우리만의 겨울 에피소드에 또 다른 비화가 있을까?
거짓말을 조금 보태서라도 더 담을 이야기가 없을까?

겨울은 꽤 금방, 고요히 사라지겠지만
세상엔 사라지지 않는 무언가도 필요하잖아

2. 박성희

미로 속 크리스마스

 눈이 부시도록 반짝이는 거리, 코를 에워싸는 찬 공기, 추워서 좁혀진 사람들 사이의 간격, 트리 위에 잘 익은 열매처럼 달려 있는 오너먼트, 반복적으로 들리는 캐럴.

 기어코 겨울이 또 왔네

 아름다워야 마땅한 게 크리스마스겠지. 하지만 난 지난 크리스마스를 기점으로 크리스마스가 싫어졌어. 구체적으로 말하긴 어렵지만 그저 내 아픔을 묵묵히 이해해 주길 바라. 그토록 즐기던 걸 이젠 못 즐기게 되었으니 말이야.

 눅눅한 함구만이 나에겐 위로가 될 거 같아서 그래.

 그래도 원한다면 살짝만 이야기해 볼게. 지나치게

사적인 이야기일 거 같지만 까먹고 못 건진 티백처럼, 그래서 진하게 우려진 차처럼 다정히 받아들여 줘.

 내가 지난 크리스마스에 겪은 기억은 나를 송두리째 어둠에 가둬버렸어. 난 1년 내내 암흑 속을 거닐었지. 그러다 보니 어느새 크리스마스 시즌이 돌아왔더라고. 크리스마스는 여전히 반짝이고 좋은 것으로 남아있어. 나는 그 반짝임에 압도당해 길을 잃었는데 아직도 여기가 어딘지 몰라.

 누구나 미로 하나씩은 품고 살잖아.

 그래서 너의 이번 크리스마스는 어때? 여전히 기대되고 즐거워?

 본래 크리스마스의 정의는 설렘일지도 몰라. 지겹도록 찬란한 계절 안에서, 너무나도 춥지만 한없이 따뜻한 이 계절 속에서 난 아직도 방황 중이야. 누구에게나 반가울 이 크리스마스가 말이야.

 안타깝지만 내 미로는 크리스마스였나 봐

1. 편련

사랑했던, 나의 겨울

 첫사랑. 맨 처음으로 느끼거나 맺은 사랑.

 그렇다면, 우리의 그것은 첫사랑이었던 걸까. 아니면, 사랑이라는 축에도 못 낄, 그저 그런 무언가였던 걸까.

 처음으로 너를 만난 것은 흰 눈이 펑펑 내리는, 추운 겨울날이었다.

 늘 그렇듯 학원이 끝나고 멍하니 바닥을 바라보며 걸어가던, 새하얗게 덮인 길에, 새빨간 피가 뚝뚝 떨어졌다. 건조하더니, 피곤하더니, 꼭 이런 날이면 코피가 나고는 했었다. 속으로 나지막이 욕을 읊고, 코를 부여잡은 채, 나는 다시금 길을 걸어가기 시작했다.

 너는, 그 순간에 내게 나타났다.

 "이거 쓸래?"

 너는 주머니 속에서 휴지를 꺼내어 내게 건넸다. 고

맙다고 말하고 받아 든 휴지로 코를 대충 틀어막고선, 나는 평소답지 않게 너에게 말을 걸었다.

"고마워. 너도 나랑 같은 학원 다니지? 나중에 간식이라도 살게."

너는 웃으며, 좋다고 대답했다.

그렇게, 우리는 친구가 되었다.

그런데, 언제부터였을까. 나도 모르는 사이, 너에게 설렘을, 사랑을 느꼈던 건. 어쩌면 처음 본 그 순간부터였을지도 모르겠다. 어쩌면, 서서히 너에게 스며든 걸지도. 어쨌든, 나는 이제, 너를 사랑하고 있었다.

계절은 흐르고 흘러, 어느새 너를 처음 만났던 새하얀 계절이 성큼, 다가왔다.

그날도, 새하얀 눈이 내리던 날이었다. 너의 집에 거의 다 와 가는 갈림길, 나는 너를 붙잡고서, 떨리는 목소리로 말했다.

"좋아해."

너를 만난 이래 한 번도 흔들린 적 없던, 그 심연을 담은 듯한 새까만 눈동자가, 나를 집어삼킬 듯한 당혹감으로 물들었다. 나는 고개를 푹 숙이고선, 덧붙였다.

"대답받으려는 건 아니야. 계속 거짓말하면서 지내

는 건 좀 아닌 것 같아서. 진짜 고맙고 미안했어."

  나의 겨울 속에서 처음으로 따스했던, 설렘을 주었던 사람. 그저, 나를 스치듯 지나간 사람. 내가 처음으로 사랑을 느낀 것은, 너였다. 너는 어떨지 모르지만, 나에겐, 네가 나의 첫사랑이었다.

  나는, 온통 새하얀 세상 속에서, 여전히 살아가고 있다. 그 눈 오는 새하얀 세상, 오직, 오직 너만이 보였던 세상 속에서, 이제는 너만이 빠진 채, 다시 다가올 겨울을 기다리며, 오늘도 나는 살아간다.

1. 이상현

시린 온기

차가운 바람이 지나가면서
시린 계절의 소식을 전했지만
아직도 그때의 따듯했던
온기를 찾으며 거닐었다

오직 적막한 하늘만이
조용한 겨울을 지켜보고
기다림에 지친 달이
말을 걸어오기도 했지만
얼려진 채 깨어져
흩어진 마음으론
그에 반응할 수 없었다

별이 사라진 밤하늘에서
더 이상 그 따스함을
느낄 수 없게 되었기에.

1. 김예빈

雪下心至(설하심지)

선선한 가을엔 겨울이 기다려지다,
추위가 가신 봄엔 겨울을 잠시 잊었다가
무더운 여름엔 겨울이 다시 그리워지는 것이
참으로 사랑과 닮은 것 같사옵니다.

차가운 공기 사이 입김을 기다리진 않으나,
막상 마주하면
왠지 모르게 기다렸다는 듯
반가워지는 것처럼

선선함 뒤에 다가올 추위를 반기진 않으나,
막상 마주하면
하얀 눈이 조용히 내려오는 것이
기다려지는 것처럼

무더운 여름에
저를 그리워하지 않으셔도 좋사오니
선선한 가을에
저를 기다리지 않으셔도 좋사오니

부디 하얀 눈이 내릴 때만은
잠시라도 제 생각에 스쳐
반가운 듯 제 마음의 온기를 떠올려주시기를

기다림이란
서두른들 앞서가지 못하고,
늦춘들 마음은 이미 가 있는 법이라
그 끝을 헤아리기 어렵사옵니다.

그렇기에
기다리지 않으려 하면서도
기다림 속에 머물고 있사옵니다.

1. 리베라

잠든 세상의 온도

 길었던 어둠이 걷히고 낮게 깔리는 해가 존재감을 드러낼 때, 쓸쓸했던 공기를 깨트리며 하나둘씩 기지개를 켠다.

 소복이 쌓여있던 눈송이의 고요 속에 하품마저 묻어버리고 세상은 여전히 잠들어있다. 해가 짧아진 탓일까? 분명 일찍 잠에 들었는데도 눈꺼풀이 움직일 기미가 보이지 않는다.

 반쯤 감긴 눈으로 미지근한 물을 한 잔 들이켜 긴 어둠 속에 묵혀있던 감각들을 서서히 깨워내자, 먼지처럼 희미했던 소리들이 조금씩 되살아났다.

 그때 들려오는 어린아이들의 웃음소리. 기분 좋은 웃음소리에 끼익, 끼이이익하고 굳게 닫혀있던 창문을 열었다. 아무래도 학교 가는 길에 아무도 밟지 않은 새하얀 눈길의 유혹을 참지 못한 모양이다.

'아... 추워...'

잠시 추억을 회상하는 사이 얼어붙을 듯한 추위가 뼛속까지 스며들었다. 출근하지 말고 전기장판 켜고 누워 귤이나 까먹고 싶다는 생각이 불현듯 스쳐 지나갈 정도였다.

겨울은 어쩌면 가장 로맨틱한 계절이지만 어쩌면 고요한 정적 속에서도 가장 치열한 계절이다. 이른 새벽부터 일어나 아파트 단지 내에 쌓여있는 눈을 치우시는 경비 아저씨와, 추운 겨울에도 어김없이 차가운 길바닥에 앉아 직접 농사하는 채소들을 판매하는 할머니들과, 가벼운 패딩 하나 걸치고 눈 때문에 젖어 무거운 폐지들을 나르며 하루를 겨우 먹고사는 할아버지들.

곰은 굵은 숨을 몰아쉬며 동면에 들어가 온몸을 숨기고, 새들은 날카로운 바람을 가로지르며 먹이를 찾아 떠난다.

활동이 줄어들어 시간이 천천히 흐르는 듯 하지만 이 모든 것들이 각자의 나름대로 살아 숨 쉬고 있었다. 이 혹독한 계절을 그들은 어떻게 살아낼지 벌써부터 걱정이 앞선다.

겨울이 되면 평소엔 당연하다고 느끼는 것들이 새삼 감사하게 느껴지는 것들이 있다. 눈송이 하나하나에 눌러 담은 작은 온기들이 빛을 발하듯.

1. 최이서

희망 품은 겨울나무

앙상한 가지로
차가운 바람 온몸으로 맞는
겨울나무

무성했던 초록 잎 미련 없이 떨구어내고
화려했던 가을 색 잊은 채
묵묵히 뿌리 깊게 내리고

다시 올, 봄날의 따스함과
새로 돋아날 작은 잎을 염원하는
기다림의 시작이다

모든 것을 잃은 듯하지만

가장 강하고 단단한 기둥으로
하늘 향해 뻗은 나뭇가지들은
건재함이다

비움 속에 강인함 품고
내 안에 생명이 숨 쉬고 있으니
그 생명, 다시 꽃을 피우리라고

잎 떨구던 순간부터
봄을 준비하고 있다고

겨울나무는
가장 큰소리로, 가장 조용히
우리에게 삶의 진실을 속삭인다

기다림 속에
뿌리 깊이 양분을 모으고
눈바람 맞으며
더 단단한 가지를 만들어 내고 있다고

그러니
기다림 속에
살아갈 용기와
기대할 내일의 희망을 품으라고

2. 최이서

겨울바람이 부르는 이름

겨울,
코끝을 스치는 바람
차가운 공기는
서늘한 숨결을 내게 불러온다

내 볼을 스치면
꼭, 누군가 나에게
조용히 말을 건네는 기분이 들어

겨울바람은
내게 속삭여 온다

그리운 이가
여전히 보고 싶지 않느냐고

차가운 바람이
나뭇가지 사이를 휘젓고 다니며
앙상한 가지를 흔들어
옛 기억을 토해 내라는 듯

스산하고 쓸쓸해서
잊고 있던 이별이 떠올라
사랑은 아프다고

겨울바람은
사랑의 상흔을 내 앞에 불러와
시린 숨결을 보낸다

1. 안세진

그대가 없는 이 겨울은 이다지도 따뜻할까

그대가 떠난 겨울은
이상하리만큼 따뜻하다.
창밖엔 눈이 내려오는데
내 마음은 더 이상 흔들리지 않는다.
그대가 있을 때는
작은 바람에도 떨리던 나였는데
이제야 알겠다.
따뜻하다는 건 온도의 문제가 아니라
마음의 빈자리를 인정하는 일이라는 걸.
그대 없이 맞는 겨울은
썰렁할 줄 알았지만
오히려 조용하고, 차분하고,
어쩐지 나를 더 잘 품어준다.
아마도 그대가 남기고 간
작은 온기들 때문일까.

그대를 잃고 난 뒤에도
내 안 어딘가엔
그대가 켜두고 간 불빛이
아직 은은하게 살아 있어서.
그래서일까.
그대가 없는 이 겨울은
차갑지 않다.
그리워도 따뜻하고
쓸쓸해도 포근하다.
마치 누군가 조용히 말해주는 것처럼
괜찮아, 이제 너를 더 사랑해도 돼.

1. 이유로

삶과 닮은 계절

마음껏 여유로울 수 있는 계절이 온다.
이불 속에서 마음껏 게을러질 수 있는 계절.
봄을 기다리며 버티고 지쳐가는 계절.
겨울은 어김없이 찾아온다.
바람은 예상했던 것보다 차고
거리는 생각보다 미끄러워 자꾸 넘어진다.

문밖을 나설 때의 긴장감
몸을 움츠리고 종종걸음을 걸을 때에도
뭐가 그렇게 조심스러운지 하늘을 보는 일이 드물다.
바람은 누구에게나 차고,
길은 모두에게 미끄럽다는 걸 안다.

겨울은 갑작스럽게 찾아와서
첫눈, 크리스마스 같은 것들로
희망을 불어넣으며 차갑게 사라지는 계절

계절은 돌고 돈다.
겨울은 어김없이 찾아온다.
그리고 봄은 반드시 온다.

1. 이연화

바다는 그대로인데

함께 있는 것만으로도
행복했던 그 겨울

아무 말 없이
어깨에 기대
함께 바라봤던 겨울 바다

우두커니 앉아
너의 향기가 불어올까
다시 찾은 겨울 바다

자판기 커피 호~ 불어
따뜻하다며 건네던
네가 그리워

그날 나란히 앉아 바라보던 자리
바다는 그때 그대로인데
너의 향기가 느껴지지 않아

손에 쥔 커피로
사라진 온기를 채워보지만
금세 차가움이 스민다.

두 손으로 감싸
붙잡아보는 온기마저
내 마음을 시리게 해.

"나, 추워."
말하기만 하면
 품을 내어주던 너였잖아.

나… 너무 추운데
빨리 와서 안아 줘,
바보야.

1. 글쓰는 몽상가 LEE

겨울은 낭만적이다

달의 흔적이 흐릿하게 남아있는
아침 6시 반,
시간이 잠시 멈춘 듯 눈이 천천히
땅에 내려앉는다.

후-우!
하얀 입김이 안경에 서려
세상이 잠시 뿌옇게 보인다.

위-잉!
소리 내는 매서운 바람은 뺨을 스치고,
두 손은 얼음장처럼 꽁꽁 얼었다.
푹신한 외투에 몸을 숨기고, 체온이
빠져나가지 않게 목도리를 단단히 감는다.

흡-후!
차갑도록 시린 공기를 들이마시며
겨울 특유의 분위기를 한껏 음미한다.

냐-옹!
동네 길냥이는 출근길의 인간에게
눈길 한번 주고 걸음을 재촉한다.

녀석을 마주친 반가움도 잠시,
추운 바람을 피해 어디론가 가는 모습에
괜스레 마음이 쓰인다.

어느덧 도착한 버스 정류장 앞 노점에선
붕어빵과 국화빵이 노릇노릇 익어간다.

고소한 버터 내음이 코끝을 타고
허기진 배는 뱃고동 소리로 반응한다.

주머니를 이리저리 뒤적이는데
멀리서 출근 버스가 다가온다.

추위와 배고픔, 작은 아쉬움을 뒤로하고
버스에 몸을 싣는다.

창밖으로 스치는 차가운 공기,
잔잔한 눈발 속에서 겨울에만 느낄 수 있는
소소한 설렘이 스며든다.

그래서 겨울은 낭만적이다.

2. 글쓰는 몽상가 LEE

겨울잠

내게도 쉼이 필요해
올겨울, 나를 위한
시간을 보낼 거야.

그저 나로 머무는 시간,
올겨울 나를 위한
겨울잠을 잘 거야.

내 마음의 얼음이
천천히 녹아
다시 봄을 맞이할 수 있도록.

1. 이노

겨울 숨

참 이상하지
차가운데 따뜻해

뜨거운 열정이 사라진 너는
조금만 건드려도 바사삭
사그라질 것 같은데

공허의 옷을 입은 너는
스산한 냄새를 풍기면서도
부지런히 움틀 준비를 해

그러니까 너는
잔뜩 움츠린 거야
잔뜩 움츠린 다음

탁, 피어오르면
더없이 활짝 웃을 수 있는 거지

살다가 겨울이 온다면 그런 거야
모든 게 사라진 계절이 아니라
모든 걸 준비하는 계절

바쁜 숨 뒤에 잠시 내려놓고
그동안 형형색색 무성하느라 고생했다고
무채색 쉼을 토해내는 시간

후—
숨을 불어넣어 줘

참 이상하지
추운데 포근해

1. 이연월

패딩

패딩은 우리를 따뜻하게 지켜준다
추위에 힘겹게 떠는 우리를 아무 말 없이 감싸준다

말은 없다지만 따뜻하고
말은 없었지만 다정하다

상처받고 얼어 붙은 내 마음을 녹여준다
묵묵히 안아주며 나를 달랜다

이 겨울 속에서 한파를 뚫어내며 자신의 몸이 얼어가도
패딩은 우리를 따뜻하게 지켜주고 감싸준다

1. lilylove

마지막 겨울

그해 겨울은
유난히도 고요했다.

눈은 숨결처럼 내려
우리의 발자국마저 덮어 버리고

따스했던 손길과 웃음도
흰빛 속에서 천천히 희미해졌지만

나는 안다
사라짐은 끝이 아니라는 걸

눈이 녹아야
새봄이 피어나듯

이 마지막 겨울도
조용히 다음을 준비하고 있음을

1. **정수환**

이글루

춥디 추운 겨울날,
나는 따뜻하다.

첫눈이 내리던 그날,
나는 따뜻하다.

귀마개를 했지만 세상 소리가 들리고
부츠를 신었지만 내 두 발은 가볍다.

이제서야 알고, 이제서야 깨닫는다.
겨울은 기억하지 못한다.

추억으로 쌓아 올린 이글루,
감정으로 가득 찬 이글루.

1. 다래

찬 겨울 속

매서운 겨울이,
포근해진다.
아니, 포근해져야 한다.
포근해지리라 믿는다.

서늘한 바람이
몸 구석을 베고 지나가
숨기고 싶은 가난을 드러내도,
구겨진 마음이 쉽게 펴지지 않아도,

겨울의 눈은
여전히 낭만으로만 내린다.
흰빛 한 줌에
세상의 상처가 잠시 가려지듯,

추운 계절은
반짝임 속에 초라함을 숨긴 채
오늘도 조용히 저물어 간다.

그리고 나는
이 차가운 끝에서
서서히 포근해지리라 믿는다.

1. 노기연

마지막 계절

계절의 끝 무렵에 겨울이 온다.

한숨 하나가 떠오르는 계절
잃기도
얻기도
어쩌면 가장 불완전한 미지의 계절

완전을 찾아 헤매는 우리에게
그런 사계절의 마지막 계절
겨울이라는 불완전함은
턱없이 시릴 수밖에 없다.

2. 노기연

그 겨울

봄이 품고
여름이 묵혀서
가을이 물었던 겨울이 왔다.

새로운 시작을 준비하며
하얗게 물들었던 그 계절에
아픈 기억들도 모두 사라진 채로
겨울이란 계절에 묻는다.

나의 겨울을
너의 봄에 담겠다.

1. 혜성

사진

필름 카메라 한 장에
나를 보는
너를 담고

필름 감아 다음 장엔
내가 보는
너를 담고

다시 감아 다음 장은
너를 안을
겨울 담네

2. 혜성

너에게 내려준 것

서리가 입가를 맴돌다
이내 네 눈을 휘- 돌다
후에 휘- 나를 안겼다

복도에 꺼내둔 물잔이
너와 전화하며 마셨던
따스한 홍차, 차 한 잔이
서서히 얼어 식어갈 무렵

겨울을 우리가 느껴갈 때

나는 그저 단지 항상 그냥
나는 너에게 만큼은 그냥
따스한 홍차 같은 사람이길

열기가 입가를 맴돌다
이내 네 눈을 휘- 돌다
내가 너를 확- 안았다

1. 김감귤

겨울을 감상하다

호호~ 손바닥 모아서

입김을 한가득 부는 것을 보니,

겨울이라는 친구가 마중 나왔나 보다.

쌩쌩~ 바람이 칼바람이 되어서

먹이 찾는 사자처럼 가득히

배를 움켜쥔 채로 두드리는 것을 보니까.

그런가 보다.

그러나 보다.

얇았던 옷들의 두께가 두꺼워지는 만큼

겨울의 깊이도 조금씩 깊어졌는가 보다.

어쩌면, 마음도 차갑게 서늘해지는 듯하다.

옷매무새를 여미는 것을 보니까.
쌀쌀한 바람들이 옷 사이사이 여백으로
휘이익 나도 모르게 스쳐 지나간다.

길거리에 바다에서 강가에서 봐야 할
붕어가 빵들이 된 모양들을 보니까
겨울이란 계절, 지금 그 이름의 주인이
확실함을 느낀다.

겨울의 그 이름 속에서
그 겨울만의 추억들이
내리는 수많은 눈들처럼
한가득 추워진 바람처럼
쌓여간다.

2. 김감귤

겨울에게 편지를 보내며

눈들을 뭉쳐서 겨울에게 편지를 보냈다.
'그 눈에 담긴 건 내 마음속 진심이야!'라고 말이다.
눈을 꽉꽉 뭉치며 마음을 다잡는다.
그 눈에 신중함을 더하여서.

뭉친 눈들은 이제 나에게
더 이상 그냥 눈이 아니게 되었다.
뭉친 눈에 가득히 담긴 내 마음으로 인해서.
겨울은 눈과 관련된
진심의 계절이 되고야 말았다.
뭉쳐진 눈이 내게 말했으니까!

단단하게 뭉쳐진 눈처럼
내 마음은 강력하게 단단해져 갔다.

겨울은 춥다 춥다.
겨울은 쓸쓸하다.
그러지 않아도 겨울은 차가운데 말이다.
그러나, 그 속에서 뭉쳐졌던 눈 뭉치처럼
내 내면도 단단하게 뭉쳐졌다.
내 내면도 튼튼하게 단단해졌다.

겨울에게 감사를 전하고 싶다.
눈들에게 감사를 전하고 싶다.
이제야 단단하게 신중하게 뭉쳐서
세상을 바라보게 해 줘서.

1. 윤아정

겨울 조각

끝없이 울리는 겨울의 침묵.
손끝의 온도는 차갑게 선명해진다.

나의 마음이 내가 되기까지
이 작은 떨림에 나를 맡긴다.

조각난 마음 하나를 붙이고,
거대한 마음은 천천히 깎아낸다.
울림이 남긴 자리를 따라
나의 결을 천천히 잇는다.

빛도 어둠도 사라진 겨울의 중심엔
선명해진 형태 하나,
고요히, 나를 다시 세운다.

1. 희작

기다리는 님을 향한 겨울의 노래

아, 아직도 오지 않은 님아

난 바람이 시리게 부는 겨울에도
그대를 기다리고 있습니다

창백한 피부와 어여쁜 웃음을 지으며
떠나간 그대의 얼굴을 아직도 기억합니다

그대는 차가운 바람이 매섭게 부는 겨울과
참 많이 닮았습니다

한없이 따듯한 온도가 담긴 눈빛으로 날
안아주던 그대에게 한순간의 잘못을 저질러
버렸지만 단 한 번의 기회조차 주지 않고
멀어져 버린 동빙한설과도 같은 모습이었던 그날,
참 많이 울었습니다

그대는 차가운 바람이 매섭게 부는 겨울과
참 많이 닮았습니다

상처 입은 눈으로 잊지 못할 미소를 지어준
그대의 얼굴을 기억합니다

나에게 미안하다는 말조차 듣기 싫을 만큼
무척이나 실망했지만 마지막 인사만큼은 예쁘게
장식해 준 그대에게 많이 고맙습니다

끝나버린 인연은 얼음이 되어 조각조각
부서집니다

다시는 오지 않을 그대가 많이 그립습니다

아, 아직도 오지 않은 님아

난 시리게 바람이 부는 겨울에도
그대를 기다리고 있습니다

1. 고유정

겨울에게. (Dear. Winter)

나의 겨울에게.

감당할 수 없이 아프고 시렸던 계절아,
나에게 너는 길고도 힘들었던 시간 들이었던 것 같아.

눈이 아름답게 내려도,
예쁘게 하얗게 물들여진 밖을 봐도,
힘들었던 감정에 사로잡혀
너를 아름답고 예쁘게 보지 못했어.

무거웠던 시간들을 떠나보내고
그제야 알게 되었어
얼마나 눈부신 계절인지.

앞을 가로막던 어둡고 긴 밤들은
사실 반짝이는 별들로 가득했고

사방이 눈밭으로 덮여 걷기 힘들었던 날들은
봄꽃 대신 예쁜 눈꽃들이 내 옆을 지켜줬다는걸.

너를 참 원망스러워했고 미워했지만
이제는 그러지 않을 거야.
변하지 않고 있어 줘서 고마워
남은 겨울의 시간도 잘 부탁해.

1. 이서윤

겨울은 가는 중

겨울은
시작과 끝이 아니며
준비 중이 아니라
이미 움직이는 중이다

멈춘 적도
준비 중이었던 적도
끝난 적도 없었다

언 강 아래
물은 흐르듯
겨울은
흐르고 있다

청춘은
흰 눈에
아직 흔적을 남기는 중이고

따뜻함은
흰 김을 따라
시린 두 손에 도착해
이제 퍼져나가는 중이고

낭만은
별을 따
나무에 나누고
웃으며 지켜보는 중이고

삶은
만개했었고
푸르렀었고
쓸쓸했던 순간들을
눈으로 식히는 중이다

겨울은
여전히
아름다워지고
있는 중이다

1. 손아정

핑계

내 볼이 붉어졌다는 네 말에
추워서 그렇다며 고개를 돌리고

한숨 한번 한번이
입김으로 위장해 하늘로 떠오른다

숨만 가져가지 말고
고민도 앗아가지

날이 춥다는 핑계로 손이라도 잡아볼까
손을 꼼질거리다 소매 속으로 다시 넣는다

난 다시 아무렇지 않은 척 너를 본다
이건 다 날이 추워서야

1. 김태희

무색하게도 겨울을

보일 리 없어, 맡을 리 없는
겨울 내음을 좋아한다 했다.

이맘이 오면
너를 찾아가도 좋을 것 같더라니.

안녕, 내 겨울아.
불러서라도 너를 발견하면
언 눈을 뜨고 언 몸을 녹여
사방을 헤아리고 있어.

겨울은 사랑하기 좋은 계절이라고
결여한 따스함도 충만하리라 느낄
사랑의 계절이라고.

눈이 내린 날
첫 발을 딛고 남은 발자국은
너를 찾으려는 나의 첫걸음이겠지.

2. 김태희

사랑 이야기

내릴 수 있는 눈을 탓하기로 해서
눈사람을 만들면
시린 손을 잡아주기로 했다고

나의 겨울이 어떨지 궁금해서

괜스레 바라온 겨울이 무안해서
설야를 염원하길
당신이 있어 덜 거친가 봅니다.

1. **하형정**

겨울 온도

겨울 온도

목도리를 고쳐 매주는 짧은 거리
숨 막히는 몇 센티미터가
온 세상을 핑크빛으로 바꿔버려.

겨울밤의 별빛조차
우리 사이에 튀는 설렘만큼은
반짝이지 못하지.

너라는 온도에
완전히 중독되어 버린
설렘 과다 복용자가 되었어.

겨울은 참 이상해.
모든 것이 식어가는 계절인데
이상하게도 내 마음은
그때마다 더 뜨겁게 뛰어오르니까!

2. 하형정

겨울 팔짱

겨울 팔짱

익선동 골목,
하얀 입김이 돌담 위로 내려앉던 저녁.
북적이는 사람들 틈새에서
걸음 빠른 널 따라 종종 걸음을 옮길 때였지.

갑자기, 아무 예고도 없이
네 팔이 내 팔을 찾아와
툭! 가볍게 걸리는 순간!

온도가 한 번에 뒤집혔어.
차갑던 겨울 공기는
볼 끝부터 은근하게 데워주고,

재잘거리던 사람들 소리도
사르르 뒤로 밀려났지.

머릿속은 허겁지겁 뒤집히고
입술은 놀란 마음을 감당 못 해.
자꾸 엇박자의 말을 쏟아내며
익선동 골목처럼
좁고 깊고 복잡하게 흔들리는 그 사이,

너는 아무렇지 않게
내 손목 위에 네 체온을 살포시 얹었어.
심장 속 작은 새들이
일제히 날아오르며 지저귀는 것 같았지.

겨울밤 가로등 불빛 아래,
우리 팔은
서로를 감싸는 조용한 지붕이 되고
그 아래에서
살며시 무너지듯 포근하게 설레였어.

정말 몰랐어.
이렇게 단단하게 끼인 팔짱 하나가
겨울을 녹이고
나를 더 뜨겁고 부드럽게 만들 줄은.

익선동 골목 끝까지
우리 체온만으로도
눈이 내릴 것만 같던 밤.

너에게 팔짱을 '껴지는' 사람이 되었어.

3. 하형정

겨울 키링

겨울 키링

흰 패딩 조끼
찰랑이는 긴 생머리
유독 새하얗던 얼굴 위로
미소가 내려앉던 날.

손끝마다 쿵쿵대는 마음을
작은 눈송이 키링에 살짝 묶어
조심스레 건네본다.

지하 공방
작은 조명 아래
늘 사진만 찍던 내가

너를 만나고 나서는
오직 너만 생각하며
작은 구슬을 고르고
하얀 실을 매만진다.

찰랑찰랑 키링마다
설렘 한 알, 또 한 알,
네 손목 위에서 은밀히 맴돌기를.

겨울밤, 눈 내리는 거리를
너와 나란히 걸으며
고백의 떨림조차
작은 키링 속에 가두고 싶다.

좋아한다는 말 대신
이 겨울, 따스한 키링을
주머니 속에 숨겨
수줍게 건네본다.

내 마음도 그렇게

살짝쿵, 귀엽게 튀어나와
첫눈이 내리는 하늘을 따라
너에게 내려앉기를,
겨울바람 속 설렘처럼
조용히, 오래 머물기를.

포레스트 웨일
공동 작가

눈

3. 이겹

눈

터벅터벅,
너를 따라 걷는다

바스락거리던 바닥이
금세 하얗게 변했다

눈이 흩날린다
차갑게 변한다

내 마음에도 흰 눈에도
짓밟힌 발자국이 남는다

연신 짓밟히는 소리만 울린다

1. 꿈꾸는 쟁이

눈 위에 써 내려가면

소복 소복 쌓이는 눈이라는 하얀 도화지 위에
꾹꾹 눌러 담아두었던 너를 향한
내 마음을 글로 써 내려가면
너에게 전해질까?

아니면 미처 하지 못한 고백을 소복이 쌓인
눈 위에다가 끊임없이 써 내려가면
너를 향한 내 마음이 너에게 닿을 수 있을까?

소리 없이 내리는 하얀 눈처럼
나도 소리 없이 네 마음속에 들어갈 수 있다면
얼마나 좋을까

2. 꿈꾸는 쟁이

첫눈 같은

당신은 내게 첫눈 같은 사람입니다.
기다리고 기다려도 쉽게 오지 않고
잠시 내리다 마는 첫눈처럼
오랜 기다림 끝에 당신을 만나도
잠시 마주 보며, 몇 마디의 말만 나누다
떠나버리는 당신이지만, 그래도 좋습니다.
만날 때마다 날 설레게 하는 첫눈 같은
당신이니까요.

3. 김유신

눈이 내리니 그리움이 더해간다

하얀 눈이 내립니다.
창밖을 가득 채우는 고요한 흰빛이
세상의 모든 소리를 덮고
오직 당신에게 닿지 못한 내 그리움만을
귓가에 속삭이는 밤입니다

첫눈이 쌓이는 거리마다
함께 걷던 발자국이 선연하고
코끝 시린 공기 속에 남은
당신의 따스한 숨결이 느껴져
나도 모르게 손을 내밀어봅니다

잡히지 않는 허공이지만
내린 눈송이 하나하나가
당신의 눈물 같아서
녹아 사라질까 조심스레 바라봅니다.

어둠 속에 눈 내리는 시간은
그리움의 무게만큼 깊어만 가고
당신이라는 이름 석 자가
차가운 겨울밤을 홀로 밝히는
나만의 등불이 됩니다

눈은 자꾸 쌓여
모든 것을 덮어버리려 하지만
신기하게도 그럴수록
당신을 향한 나의 마음은
더욱 선명하고 뜨겁게 타오릅니다

눈이 그쳐도, 내 마음에 내린
당신의 그림자는 지워지지 않으리

이 겨울,
그리움이라는 흰 눈 속에
사랑이라는 붉은 심장을 숨기고
오늘도 당신을 기다립니다

2. 류광현

눈 내린 거리 위 발자국

눈 내린 거리에 우리 발자국
하얀 세상에 둘만의 길이 생겨
차가운 공기 속 너의 손을 잡았어
그 온기만으로도 세상이 멈췄지
작은 숨결에 번지던 웃음소리
그게 내 겨울의 시작이었어

거리마다 반짝이는 불빛들 사이
너의 눈이 더 빛났던 그날
시간이 멈춘 듯 느리게 흘러
우린 그 안에서 사랑을 썼지

이 눈처럼 쌓여가던 우리 추억
하얀 계절에 따뜻한 마음으로 남아
서로를 감싸던 그 순간마다

겨울이 아름다웠던 건 너였어

귓가에 닿은 너의 목소리
눈송이보다 더 부드럽게 내렸지
한 걸음마다, 함께 웃던 기억
이 길 끝에도 너와 있고 싶어

혹시 내년 이 겨울에도
이 눈이 다시 내려온다면
우리 그때처럼 웃을까
서로의 온기로 또 하루를 채울까

눈 위에 그려진 우리의 시간
사라져도 마음엔 남아있어
사랑이 머물던 겨울의 순간
영원히 나를 따뜻하게 감쌀 거야

눈이 그쳐도 너는 남아
겨울의 모든 기억 속에서
내 곁에 있던 그 모습 그대로

3. 류광현

하얀 눈이 내리는 고백

하얀 눈이 내려와
조용히 내 마음 위에 쌓이면
그대와 처음 마주했던 그날의 설렘이
다시 내 안에 피어올라요

차가운 바람 속에서도
그대 미소는 따뜻했죠
손끝에 닿던 그 온기가
아직도 내 하루를 밝혀요

유리창 너머로 내리던 눈
그대가 건네던 첫인사
그 순간 내 마음의 시계는
겨울에 멈춰 버렸죠

다시 그대 이름을 불러보면
눈부시던 그날의 향기가 나요
하얀 계절 속 그대와 나
서로를 품은 듯 눈을 맞추죠

하얀 눈처럼 내려와
내 마음에 그대를 쌓아요
차가운 세상 속에서도
사랑은 따뜻이 피어나죠

그대와 함께라면
겨울도 봄처럼 따스하니까
이 계절의 끝에서
우린 사랑이라 불러요

한 걸음 다가오는 그대
눈빛 속에 녹아드는 나
작은 웃음 속에 피어나는
사랑의 노래 들리나요

하얀 길 위에 발자국 두 개
우리의 추억을 남겨요
눈이 녹아 사라져도
그 사랑은 지워지지 않죠

내 마음에 내리는 눈
그 안엔 그대가 있어요

하늘이 허락한 이 순간
영원히 함께 걷고 싶어요

하얀 눈처럼 내려와
우리 마음을 덮어주죠
멈춰진 시간 속에서도
사랑은 계속 빛이 나죠

그대와 나의 겨울이
이젠 사랑의 이름이 되어
세상이 하얗게 물들면
그대 품에 안길래요

혹시라도 봄이 와
이 눈이 다 녹아내려도
우리 사랑은 여전히
하얀 기억으로 남겠죠

이 계절 끝에서도
그대의 미소는 나의 봄

하얀 눈처럼 내려와
서로의 마음을 감싸안아요
찬 바람 속 그 온기로
우린 다시 피어나죠

겨울이 가도 변치 않을
우리만의 하얀 사랑
이 순간을 기억해요
하얀 겨울에 피는 사랑을

2. **지한아**

너

송이송이 내리는 겨울 눈 한 송이를 보며
외로운 곳에서 울고 있을 너를 떠올린다
항상 마음이 아파 울먹이는 너는
사실 누구보다 강인한 마음을 가지고 있다는 것을
나는 누구보다 잘 알기에
나는 이 겨울밤
송이송이 내리는 겨울눈 한 송이를 보며
그저 묵묵히 기다린다

1. 영지현

첫눈

작년 겨울에 1월까지 눈이 거의 안 왔다.
춥긴 추웠는데 아이들을 신나게 하는
하얀 눈꽃이 단 한 송이도 못 봤다.
그러던 어느 날 아침에 날씨 예보와 달리
갑자기 첫눈이 왔다.
작은 눈꽃도 큰 눈꽃도 춤을 추듯이 슬며시 내렸다.
처음에는 바람이 거의 안 불었지만
그러다 눈보라가 되었다.
다행히 그땐 그녀가 분위기가 있는 카페에서
따뜻한 차 한 잔을 음미하고 있었다.
창가에 앉아 있으며 어떤 깊은 생각에 빠져 있었다.
그때였다.
하얀 눈보라 속에서 사람의 모습을 봤던 순간.
키가 꽤 커 보였다. 몸 모습을 보니 남자인 것 같았다.

그의 기다란 코트가 세찬 바람에 펄럭이며 날렸다.
'저 사람이 오늘 운이 안 좋구나.'라고 생각했다.
긴 코트를 입은 그는 눈보라와 싸움을 하는 것 같았다.
계속 가까워지면서. 드디어 카페 문을
당겨 열었다가 들어와서 바로 닫았다.
그녀의 눈 앞에 나타난 사람은
코트와 머리에서 눈을 털면서 두리번댔다.
그녀가 앉아 있는 쪽으로 고개를 돌렸을 때
그의 얼굴을 볼 수 있었다.
눈보라 때문에 빨개진 얼굴이 너무 잘 생겼다.
그녀는 그에게 첫눈에 반해 버렸다..

3. 이하(李霞)

첫눈이 내리면

잊기 위해 사는 걸까 살기 위해 잊는 걸까,
헷갈릴 때 가르치듯 흩날리는 눈송이들
올해도 첫눈을 이렇게 홀로 맞이하네요
앙상해진 그리움 간신히 붙들고서
일부러 외로워지려는 듯 거리로 나서요
아직도 당신이 막 내 곁을 떠난 것 같아선지
익히 아는 추위에도 마음은 또 새로 스산하고
버릇처럼 되뇌는 당신 이름도 날 귀찮아할까
줄어드는 말수에 점점 내가 사라지는 듯해요
당신을 얼마나 어떻게 잊을 수 있으려나,
궁금할 때 가르치듯 흩날리는 눈송이들
앙상해진 다짐으로 첫눈을 힘겹게 반겨요
해마다 꾸는 꿈은 나날이 희미해지는 걸
다시 만나는 우리는 그저 욕심이었단 걸
쏟아지는 눈발 속에서 배우면서도 나는.

2. 안현희 마리스텔라

흰 눈 내리는 날이면

흰 눈 내리는 날이면
아버지가 작은 난로 위에 구워 주시던
주홍빛 귤

꼬스름 향기가 새콤달콤하게
내 코를 간질이는
노오란 향기

서로 먹겠다고 옹기종기
모여 앉은
다섯 얼굴들

우리는 어미가 먹이를 주는
어린 새마냥 입을

아, 하고 벌리면

어느새 입안 가득
따뜻한 귤이 들어와 춤을 추고
내 어깨도 춤을 춘다

시간이 흘러 어느 해 겨울
꼬순내나는 달콤한 귤이 그리워진다
아니, 아버지가 그리워진다
눈이 내리려나 보다

3. 강대진

첫눈 내리는 날

하늘이 처음 내 마음을 흔든 날
그대가 웃으며 내게 다가왔습니다

세상은 조용했고
모든 소리가 눈 속에 묻혔습니다.
그 순간
우리는 서로의 온기를 믿었습니다.

하얀 숨결 사이로
그대의 이름이 피어오르고
떨어지는 눈송이마다
그리움이 쌓여갔습니다

시간은 흘러
그대의 발자국이 희미해졌지만
첫눈이 내릴 때마다
그날의 온도는 되살아납니다

사라진 건 그대뿐인데
내 마음은 아직도
첫눈 아래에 머물러 있습니다

3. 가빈

따뜻함

따뜻했다.

네가 해준 말들은
작고 하얀 눈처럼
살포시 내게 닿아
눈물 많고 춥던 나를
조용히 위로했다.

하지만
조금 더 깊이 생각하면
그 눈 속은
누구보다 차갑고
가시처럼 날카로웠다.

그런 눈을 맞고도
좋다고 말하던 나도
참 바보 같았다.

그래도
너를 봐도 좋은 내가
바보 같았다.

그럼에도
따뜻했다.

2. 신정현

벽

눈이 쌓여 벽을 이루었다
하얗고 높은 벽

저편에 무엇이 있는지
아무도 모른다

그러나 나는 간다
이 벽을 넘어서
손이 얼고 발이 시려도
멈출 수 없다

벽 너머에 우리가 꿈꾸던
세상이 기다리고 있을 것이기에

2. 명량소녀

눈이 내리는 날

눈이 내리고
아이들은 밖으로 뛰어나간다네

눈으로 눈사람도 만들고
눈싸움도 하고 발자국도 만들어
추억을 쌓으면 행복하게 시간을 보낸다네

펑펑 내리는 눈에 눈을 모아
큰 눈사람을 만들어 눈·코·입을 만들어
사진도 찍고 하니

눈을 모아 탑을 쌓아 친구들과
눈싸움하면 시간 가는 줄 모르고 놀기만
한다네

3. 이다솔

'눈'부시게 피어난 길

하늘에서 가느다란 눈꽃이
천천히 내려와 흰 땅 위에
한 송이로 피어난다

그 작은 눈 결정체들이 모여
점차 눈밭을 채우기 시작한다

발길을 내디딜 때마다
눈송이들이 발끝에 스며들고
차가운 바람은 찻잔처럼
작은 흔적들을 하얗게 덮어간다

하늘의 구름 덮개 속에서
눈은 언제 그랬냐는 듯
서서히 더 깊이 내린다

그 속에서 하나둘
새벽의 얼음소리가 들려오고
이슬처럼 맺힌 눈물이
가슴속에 스며든다

눈은 단지 흰 물결이 아닌
온기를 담은 바람처럼
우리의 길 끝자락에
조용히 머물러 간다

그렇게 눈은 기억을 덮어 가며
모든 것이 고요한 찬바람 속으로
물들어 간다

우리는 눈 속에 누군가의
발자국을 따라 서서히 길을 찾는다

차디찬 길 끝에 따스한 온기를 남기며
우리는 다시 한번
그 길을 걸어갈 준비를 한다

2. 신혜
그 겨울의 온기

 그 겨울의 첫눈은 고요히 내렸고, 그 속에서 눈물 한 줄기가 흘렀다.
 차가운 공기 속을 지나온 눈물이 볼 끝에서 미묘한 온기로 남았다.
 지금도 눈이 내리면, 그날의 온기가 가장 먼저 떠오른다.
 하지만 지금, 내 앞을 덮친 건 그때의 온기가 아닌 싸늘한 현실이었다.

"야 한설희! 너 지금 이게 뭐 하는 짓이야! 왜 손님 응대 하나도 제대로 못 해서 이 사단을 만들어!"
"죄송합니다."
 매니저의 고함이 가게 안 공기를 찢었다. 손님들의 시선이 일제히 우리에게 쏠렸다.

"얼른 사과드려."

"그건 못 하겠습니다. 저 손님이 먼저 제 몸을 만지셨고, 저는 그에 합당한 대응을 했을 뿐입니다."

"뭐? 합당한 대응?" 매니저의 얼굴이 일그러졌다.

"지금 손님께 사과하고 깔끔하게 끝낼래? 아니면 밖에 나가서 창문 닦을래?"

"둘 다 합당하지 않은 것 같습니다."

그때 사건의 중심에 있던 남자가 의자에 기대어 웃음을 흘렸다.

"아니~~ 나는 우리 딸 같아서 그랬다니까. 그냥 응원해 주려고 한 건데. 용돈도 줬잖아, 뭐가 문제야, 아가씨? 그런 식이면 이 아저씨 속상해."

어이가 치밀었다. 저 사람이 자기 딸에게도 이렇게 말할지 상상해 봤다.

부당했다. 어떻게든 버티며 하루하루 살아온 게 다인데. 이놈의 돈이, 대체 뭐라고. 그 순간 '때려버릴까?'라는 생각이 스쳤다,

"죄송합니다. 손님. 제가 과민반응 했습니다. 다시

한번 죄송합니다."

"그래 설희 씨. 이렇게 끝내니 얼마나 좋아? 얼른 다시 일해."

"아가씨, 너무 예민했어. 오늘은 기분이 좋으니까, 그냥 넘어간다!"

가게 안은 다시 주문받는 소리와 식기 세척기의 진동으로 가득 찼다.

설희는 고개를 숙였다. 손끝이 식어 있었고, 그 위로 미세한 떨림이 번졌다.

아무 말도 하지 못했다. 그래야만 이 하루를 무사히 넘길 수 있으니까.

눈앞의 유리컵 속, 녹지 않은 얼음이 천천히 무너져 내렸다. 그 소리가 이상하게 오래 귀에 맴돌았다.

가게 문을 닫고 나오자, 찬 바람이 얼굴을 스쳤다.

매서운 겨울 공기가 폐 깊숙이 파고들었지만, 오히려 숨통이 트였다.

참고, 삼키고, 버텼던 하루가 끝났다는 사실 하나만<u>으로도.</u>

가로등의 불빛 위로 눈이 흩날리고 있었다. 하얗게 내리는 눈송이가 어둠을 덮으며 세상을 잠시 멈춰 세운다.

설희는 하늘을 올려다보았다. 그날의 첫눈도, 이렇게 내렸었다. 차가웠지만 이상하게 따뜻했던,

그 겨울의 온기,

눈발 사이로 아이들의 웃음소리가 스쳤다. 그 순간, 문득 떠올랐다.

무심하게 위로를 건네던 그 사람의 얼굴이. 다시는 돌아오지 않을.

그러나 여전히 마음 어딘가에 남아있는 겨울이었다.

그해 첫눈이 내리던 날, 그 사람은 나를 있는 힘껏 끌어안아 주었다.

그 온기가 전해져서였을까. 조용한 눈물이 흘렀다. 몇 분이 흘렀을까.

우리는 그의 집을 향해 히터를 틀고 담요를 덮은 채 크리스마스 특집 영화를 보고 있었다.

그는 따뜻한 핫초코가 담긴 머그잔을 내밀며 말했다.

"울보야, 그러다 진짜 감기 걸린다. 얼른 이거 마셔."

잠시 뜸을 들인 뒤, 그는 조금 더 부드러운 목소리로

말을 이었다.

"그리고 너무 마음에 담지 마, 네가 어떤 사람이든, 나는 결국 너만 바라보게 되더라. 너는 늘 빛나는 사람이니까. 그런 어른티도 못 내는 사람들이 뭐라고, 그 말들 때문에 너 자신을 깎아내리지 마. 그냥 '아 저 사람 좀 무식하네'하고 흘려보내."

그는 내 눈가를 닦아주며 가만히 말했다. "우리... 이제 그만 울자."

그게 뭐였다고. 왜 그렇게 위로가 되었을까.

'핫초코... 오랜만에 마셔볼까.'

전기포트에 물을 올려두고, 창밖을 바라봤다.

눈발이 다시 세상을 덮고 있었다.

이제 그 사람은 없다. 그러나 이상하게도, 그리 슬프지만은 않았다.

세상은 여전히 차갑지만, 그래도 그 안에서 누군가는 따뜻해지려 애쓴다.

그 사실이, 묘하게 위로가 되었다.

설희는 천천히 숨을 내쉬었다. 오늘 하루는 고단했지만, 잘 견뎌냈고, 잘 버텨냈다.

첫눈이 내리고 있었다. 차갑고 아름답게.

그 창밖의 눈을 바라보며, 설희는 스스로에게 아주 작은 미소를 건넸다.

이상하게도 이제는 이 겨울이 차갑지만은 않았다.

두렵지도 않았다.

1. **최나연**

눈자락

아침에 눈을 뜨자마자, 공기가 확 달라진 걸 느꼈다.
밤새 난방이 꺼졌나 싶은 차가움, 창문 틈으로 스며드는 겨울 냄새. '아, 겨울이네.' 말로 하기 전부터 몸이 먼저 알아챘다.

며칠 전까지만 해도 겉옷을 벗어둘 만큼 따뜻했는데
가을은 늘 그렇듯, 잡으려고 하면 이미 사라진 뒤였다.
도시는 연말 불빛에 취한 듯 반짝였고,
나도 하루 끝에 술잔을 기울이며
'또 한 해 지나가네' 하고 혼잣말처럼 중얼거렸다.

겨울은 참 이상하다.
끝을 향해 가는 계절인데도
새로운 문턱 앞에 선 사람처럼 마음 한구석이 살짝

들뜨고, 춥다고 몸을 웅크리면서도
오래 눌러둔 감정들이 슬금슬금 올라온다.
내가 꺼내려는 것도 아닌데, 계절이 먼저 끌어 올리는 느낌.

창밖을 멍하니 바라보다가 유리창을 스치는 작은 점 하나를 봤다. 먼지인가 싶어 고개를 기울이니, 이미 눈이 내리고 있었다. 크지도, 요란하지도 않은 그냥 '올해 첫눈이네' 하고 사람을 잠시 멈춰 세우는 정도의 눈.

괜히 집 안에만 있기 싫어졌다. 겉옷 하나 걸치고 지갑만 챙겨 그대로 밖으로 나섰다.
이유는 없는데 몸이 먼저 움직이는 날이 있다.

도로 위엔 얇게 하얀 층이 깔려 있었고 발끝으로 밟을 때마다 작게 눌리는 소리가 났다.
그 소리가 마음을 조금 가라앉히는 듯했다.
지친 한 해를 덮어주는 건지,
아니면 그냥 "수고했다" 하고 쓰다듬어주는 건지 모

를 묘하게 괜찮아지는 기분.

첫눈은 늘 예고 없이 온다.
하루는 그대로인데 마음 한쪽이 갑자기 느슨해지고, 묵직하게 삼켜두었던 감정들이 눈발처럼 잠깐 떠올랐다가 조용히 다시 내려앉는다.
그 잠깐의 흔들림이 마음 모양을 아주 조금 바꿔 놓는다.

돌아가는 길은 평소와 같았지만 눈이 내리는 날엔 그 평범함마저 다른 결로 느껴졌다.
검게 번지려던 마음도
잠시 하얀색으로 덮어주고,
내일을 생각할 힘이 아주 조금 생기는 느낌.

겨울 초입의 공기 속에서
나는 잠시 스쳐 지나가는 눈자락을 바라본다.
큰 사건도 아니고, 오래 머무는 순간도 아니지만
어쩐지 오늘을 조금 더 견딜 수 있게 만드는 빛.
그저 조용히 내려와 나를 스치고 지나간다.

2. 최나연

스노우볼 세상 속에서

 전기장판 위에 엎드려 귤 까먹을 때면, 그냥 그것만으로도 겨울 영화 한 장면 속에 들어온 것 같다. 뭘 하지 않아도 연말 분위기가 먼저 찾아오고, 불빛은 괜히 더 반짝여 보이고, 사람들이 남긴 발자국 위로 눈이 소복하게 쌓인다. 겨울은 늘 그렇게, 묘하게 장면을 만든다.

 그날도 버스정류장에서 바람을 정면으로 맞으며 서 있었는데 두 볼이 얼얼해질 때쯤, 갑자기 눈이 조용히 떨어지기 시작했다. 예고도 없고, 음악도 없고, 진짜 이벤트처럼.

 버스에 올라 창문 김을 쓱 닦는 순간, 조금 뜬금없게 '나 지금 스노우볼 속에 있는거 아냐?' 하는 생각이 들었다. 동화 속 주인공도 아니고, 영화 속 주연도 아닌데 작은 유리구 안에서 눈이 천천히 흩날리는 장면이 이상하게 나 같았다.

거리 불빛은 눈 위에 반짝이고, 눈은 그 불빛을 받아 더 하얘지고, 그 사이에 서 있는 나는 꾸미지도 않았는데 괜히 예뻐 보이는 기분이 들었다.
겨울이 가끔은 사람이 아무 말 없이 건네는 선물처럼 하루를 살짝 장식해 줄 때가 있다.

스노우볼은 가만히 두면 눈이 바닥에 잠잠하게 가라앉아 있지만 누가 흔들어주면 다시 천천히 흩날린다. 겨울도 그렇다.
별일 없던 하루에 갑자기 스위치를 켜듯 찾아오고,
잠깐 머물다 사라지면서도 그 순간만은 꼭 반짝이게 만든다.

올해도 그 속에 나 잠깐 들어가 있었다.
창밖의 눈이 천천히 떨어지고, 버스창에 비친 내 얼굴이 스노우볼 속 사람처럼 조금 멍하게 서 있었다.
이상하게 그 장면이 오래 남는다.

그래서인지 겨울의 눈은 느리게 내린다.

2. 해원[전갈마녀]

눈 내리는 날이면

눈이 내려요, 하늘하늘
그 너머로 당신이 왔으면 해요
눈 내리는 날이면
송이송이, 당신을 기다리게 돼요

보고 싶어요, 새하얗게
그립기도 하고요, 가득히
눈 내리는 날이면
사뿐사뿐, 당신이 올 것만 같아요

눈꽃 송이 하나하나
당신 되어 내리는데
여전히 겨울바람만이
내 눈동자를 시리게 흔드네요.

2. 김서연

첫눈 오는 날, 너에게

첫눈이 내리던 그날
하얀 숨결 사이로
네 이름이 가장 먼저 떠올랐다.

손끝까지 시리던 바람도
너를 생각하면
포근해지는 이상한 계절.

처음이란 건
왜 이렇게 쉽게 잊히지 않을까—
스쳐 간 눈송이처럼 사라졌어도
가슴은 아직 그날을 품고 있는데.

첫눈이 소복이 쌓일수록

네가 남기고 간 마음도
조용히 깊어졌다.

혹시 오늘 너도
창밖을 바라보며
그때의 우리를 떠올릴까.

첫눈은 매년 오지만
첫사랑은
단 한 번만 내린다는 걸
너를 잃고 나서야 알았다.

3. 김서연

첫사랑의 온도

첫눈이 내리면
유난히 너의 웃음이 떠오른다.

차가운 겨울 공기 속에서도
네 곁에 있던 순간만은
마치 온기가 피어오르는 듯 따뜻했지.

작은 눈송이 하나에도
설레던 마음,
네 손을 잡고 걸을 때
세계가 조용히 숨을 멈추던 순간.

헤어지고 나서야 알았다
첫사랑은 잃었다고 끝나는 게 아니라

첫눈처럼
계절이 돌아오면 다시 내리는 마음이라는 걸.

그래서 올해도
창밖에 흩날리는 흰 빛을 보며
내 첫사랑, 너를
또 한 번 조용히 불러본다.

1. 김정훈 / 훈쓰(필명)

아버지의 녹지 않는 눈

 어릴 적의 나는 눈을 증오했다. 새하얀 눈이 내린 아침은 다른 아이들에게는 설렘이었겠지만, 나에게는 집 밖에 쌓인 눈을 치워야 하는 고된 노동의 시작이었다. 온 동네가 순백의 고요에 잠겨 있을 때, 나는 아버지와 함께 마당을 지나 긴 골목길까지 굵고 투박한 삽을 들어야 했다.

 발밑의 눈은 무거웠고, 손은 시렸으며, 억울함과 불만이 온몸을 휘감았다. 왜 늘 우리 집만, 왜 우리만 이렇게 이른 아침부터 이 고생을 해야 하는지 도무지 이해할 수 없었다. 다른 집들은 따뜻한 아침 식사를 하고 있을 텐데 말이다.

 나는 투덜거렸다.

"아버지, 왜 우리가 이걸 쓸어야 해요? 다른 집들도 이렇게 많은데, 누가 먼저 쓸겠지하고 기다리면 안 돼요?"

그 어린 날의 질문은 철저하게 이기심과 불평으로 가득 차 있었다.

남이 나서주기를 바라는 마음, 불편함을 내가 아닌 타인이 감당해 주기를 바라는 마음, 그것이 당시 나의 전부였다. 아버지는 늘 그랬듯, 묵묵히 삽질을 멈추고 잠시 나를 바라보시더니 엷게 웃으셨다. 그리고 나직하게 말씀하셨다.

"남이 쓸기를 기다리기보다는, 이렇게 먼저 나와서 쓸어주면 다른 사람들이 편하고, 그럼 결국 우리 가족도 편해지는 거다."

그 말씀 뒤에는 '누군가는 해야 할 일'이라는 단단한 원칙이 느껴졌다. 그 말은 그때의 나에게는 그저 '하기 싫은 일에 대한 어른의 핑계'처럼 들렸다.

아버지가 유난히 부지런하고, 쓸데없는 책임감이 강해서 하는 일이라고 치부했다. 나는 억지로 삽을 들었고, 깨끗하게 치워진 길을 보며 그 흔적에 대한 어떤 고마움도 느끼지 못했다. 내가 눈을 증오했던 이유는, 눈 그 자체가 아니라 아버지의 굽히지 않는 삶의 태도와 고집스러운 부지런함 때문이었다.

 시간이 흘렀다. 인생의 가장 소중했던 순간들은 겨울 황혼처럼 짧았고, 아버지는 계절의 변화처럼 기약 없이 우리의 곁을 떠나셨다. 그리고 다시 긴 겨울이 찾아왔다. 나는 가끔 본가에 내려가 집을 정리했다.

 마침 그날도 밤새 눈이 소복하게 쌓여 있었다. 아버지가 계실 때와 똑같은, 완벽한 순백의 풍경이었다. 나는 낯선 감정에 휩싸여 낡은 삽을 들고 마당을 나섰다. 그때 문득 고개를 들어 주위를 둘러보았다.

 하얗게 쌓인 긴 골목길, 그리고 집집마다 현관문 앞에 쌓인 눈더미, 그 어느 집도 먼저 삽을 든 흔적이 없었다. 며칠 동안 눈이 그치기를 기다릴 뿐, 누구도 자기 집 앞을 벗어나지 않았다. 어린 시절 아버지에게 했던 질문이 메아리처럼 되돌아왔다.

'누가 쓸겠지하고 기다리면 안 돼요?' 그 눈 치우기를 미루는 동안, 길은 이미 단단히 얼어붙기 시작했고 다른 사람들의 발걸음은 위험해지고 불편해질 터였다. 나는 아무 말 없이 눈을 치우기 시작했다.

어릴 적 아버지와 함께 나눴던 그 투박한 삽의 무게가 이제는 오롯이 나의 어깨와 손에 묵직하게 짓눌렸다. 낑낑거리며 마당을 쓸고, 이웃집 앞까지 골목을 깨끗하게 치워나갔다. 이웃들의 현관 앞만 남기고 모두를 위해 길을 만들었다.

그때야 비로소 아버지의 말씀이 단순한 부지런함이 아닌, 세상에 대한 존중이자, 책임감 있는 삶의 방식이었음을 뼈저리게 깨달았다. 아버지는 눈이 오면, '세상의 불편함을 내가 먼저 덜어주겠다'는 숭고한 마음으로 삽을 들었던 것이다.

다른 사람들이 편해지는 것을 자신의 기쁨이자 당연한 책임으로 여기셨다. 우리 동네 가장 깨끗했던 도로는 아버지가 남이 쓸기를 기다리지 않는 삶을 실천

했기에 존재할 수 있었다. 아버지가 계시지 않는 지금, 그 길은 다시 하얀 무관심 속에 갇혀있었다.

나는 눈을 치우면서 슬펐다. 눈을 치우는 행위 자체가 힘들어서 슬픈 것이 아니었다. 아버지와의 투닥거리던 짧은 시간이 이제는 영원히 되돌아올 수 없다는 사실이 슬펐다. 그리고 아버지가 평생 동안 혼자 짊어지셨던 그 책임감의 무게를 이제야 겨우 이해하게 된 내가 너무 늦었다는 사실에 하염없이 눈물이 났다.

눈은 언제나 쉽게 녹아 사라지지만, 아버지의 그 가르침은 내 삶에 녹지 않는 순수한 흔적으로 깊이 새겨졌다. 나는 오늘, 아버지가 그랬듯, 남이 쓸기를 기다리지 않고 조용히 삽을 들 것이다. 그 길을 걷는 모든 이의 안전과 편안함이 곧 아버지의 유산이기 때문이다. 나는 그 유산을 지키며, 이 눈 속에 아버지를 기억할 것이다.

2. 숨이톡

눈꽃 사랑

하늘 구름 사이로 맺힌 바다는
하늘 위로 올라와 눈꽃이 되고
쌓여가는 하얀 길에 사뿐히 앉아
반짝이는 미소로 인사를 해요.

밟아지는 소리로 자국들 남아
미소 비친 입김이 온기도 되고
활짝 핀 민들레 홀씨 날리듯
하얀 마음 날아온 겨울 왔네요.

떨어지는 눈꽃이 하늘 꽃 되어
파란 마음 하얗게 물들어 가고
구름에 비를 채워 찬 바람 불면
하얀 세상 덮어져 따뜻해지고

반짝이는 빛들로 소복해지면
하염없이 어루만져 녹아도 지고
고이고 모이고 또 흐르면
하얀 소망 안겨 줄 눈이 됩니다.

따뜻한 마음들이 모이고 모여
내려주는 눈꽃이 사랑이 되고

내려온 송이마다 하늘마음도
녹여주는 사랑이면 좋겠습니다.

따뜻한 눈이 오면 좋겠습니다.
하얀 마음 세상 되면 좋겠습니다.

2. 아낌

눈송이는 과녁이 없다

눈송이는 일자로 내려오지 않는다
이리저리 유영하다
내려앉은 그 자리에서
짠맛 없는 물로 변한다

닿은 자리의 모양 그대로 누워
원래 자기 자리인 양
편한 얼굴로 하늘을 본다

눈송이는 생각이 없다
하얀 모자를 쓴 낙엽이
발그레한 얼굴로 다가와 웃으니
같이 웃는다

둘은 검푸른 하늘을 보며
별들의 이야길 들었고
솔깃한 초대를 받는다

눈송이와 낙엽은 바람이 된다
정해진 길은 없다
그러니 길을 잃을 일도 없다
두 친구의 여행이 즐거운 이유다

3. 아낌

뿌듯

굴리면 커질 거야
좋은 일 즐거운 일
기대를 단단히 두드려
앞으로 전진
뿌듯
눈 속에 담긴 발이 소리를 낸다

들숨이 생각을 청소하면
날숨이 환기를 한다
뿌듯
발소리에 맞춰
입김은 작은 돌풍이 된다

아무도 밟지 않은 곳을
찾아다니는 호기심
그 마음을 잃고 싶지 않은 소리
뿌듯
웃음이 긴 발자국을 남긴다

어느새 눈앞엔
크고 흰 동그라미
작은 눈덩이가 몸집을 불려
더 큰 힘으로
뿌듯
덩치 큰 희망이 연신 굴러간다

2. 조현민

눈싸움

아침부터 창밖이 유난히 밝았다. 커튼 사이로 스며드는 빛이 평소와 다르다는 건, 굳이 확인하지 않아도 알 수 있었다. 눈이 왔다는 건 어쩐지 마음 한구석이 먼저 알아채는 일이다. 현관문을 열자마자 찬 공기와 함께 흩날리는 하얀 입자들이 눈앞을 파고들었다. 세상은 온통 흰색이었다.

마당 앞에 서니 발밑에서 뽀드득 소리가 났다. 그 소리 하나만으로도 마음이 묘하게 평온해졌다. 어릴 적에는 이 소리가 마치 모험을 떠나는 출발음처럼 느껴졌었는데 어른이 된 지금은 그저 잠깐의 휴식 같은 느낌이었다.

그때였다. 옆집 꼬마가 눈덩이를 들고 내 쪽을 향해 천천히 다가오고 있었다. 나를 보자마자 입꼬리가 씩 올라가더니 별다른 말 없이 그대로 '퍽' 하고 눈덩이를 던졌다. 예상보다 정확하게 날아온 덕분에 내 목도리 위로 파삭하고 부서진 하얀 조각들이 떨어졌다.

"형, 눈싸움할래요?"

그 한마디가 왜 그렇게 반가웠을까 무거운 일상을 털어낸 채 나는 어느새 아이처럼 고개를 끄덕이며 눈밭 위에서 굽혀 앉았다. 차갑고 보드라운 눈을 두 손으로 모아 둥글게 굴렸다. 손끝이 얼얼해졌지만 오히려 그 시림이 기분 좋게 느껴졌다.

첫 번째 눈덩이를 던지는 순간 허공을 가르는 흰 궤적이 마치 시간도 잠시 멈춘 듯 보였다. 아이는 깔깔 웃으며 이리저리 뛰어다녔고 나 역시 왠지 모르게 웃음이 터졌다. 평소라면 생각나지도 않았을 아무 걱정 없는 웃음이었다.

눈싸움은 오래가지 않았다. 금방 양쪽의 손은 시리고 귀는 빨갛게 변했고 결국 아이 엄마의 부름에 놀이가 끝났다. 꼬마는 아쉬운 듯 손을 휘저으며 집으로 뛰어갔다. 그 작은 발자국들이 눈 위에 찍히는 것을 바라보며 나는 잠시 멈춰 섰다.

눈은 정말 많은 걸 덮어 준다. 어제의 흔적도 마음속의 복잡한 생각도 그리고 나도 모르게 흩어져 있던 감정들도 잠시나마 눈싸움하며 웃었다는 사실이 겨울의 온도보다 더 따뜻하게 느껴졌다.

집으로 돌아오는 길 발자국이 줄지어 나를 따라오는 것을 보며 문득 그런 생각이 들었다. 가끔은 그저 눈 속에서 마음 가볍게 뛰어다니던 어린 시절의 나를 다시 꺼내 보는 것도 나쁘지 않다고 눈이 내린다는 건 어쩌면 그런 기회를 주기 위해서일지도 모른다.

2. 고원(변혜린)

보고 싶은

눈이 보고 싶다.
행복이 보고 싶어서
행복은 늘 곁에 있는 것이 아닌,
눈처럼 오고,
오랜 기간을 떠나있으니까.

2. 남화정

눈사람

눈이 쌓이고 쌓여
아름다운 눈사람이 만들어진다

저 눈사람은 언젠가 녹겠지
형태를 잃고 물이 되어
결국 사라지겠지

어차피 사라질 텐데
왜 만드는 걸까

영원할 수 없는 존재는 믿지 않았는데
사람이라는 게 영원할 수가 없더라

사람은 꼭 눈사람 같아

우리가 언젠가 사라지더라도

눈사람처럼 아름답게 남아있어 주라

1. 갈곳

낙동강 방어선이 무너진 날

 낙동강 방어선은 튼튼하다. 절대 무너지지 않는다. 절대는 아니구나. 몇 년에 한 번씩만 무너진다. 그날이 오늘이다. 따뜻한 남쪽 지역에 사는 우리는 눈 구경하기가 쉽지 않다. 전국에 눈이 내려 일기예보 상의 한반도 지도가 온통 흰색일 때도 여기만 초록초록한 색감을 드러내는 부산 지역. 오늘은 사우나 간 호랑이가 허리에 수건만 두른 듯, 지도상으로 흰 띠가 딱 꼬리, 부산을 가렸다.

 눈, 눈, 눈이 온다. 그것도 하얗게 바닥에 쌓이도록 온다. 진눈깨비처럼 흩날려 땅에 닿기도 전에 비가 되어 얼음판을 만드는 눈이 아니라. 정말 소복소복하게 하얗게 온 세상을 이불처럼 덮는 눈. 눈이 내린다. 아파트 베란다에서 따뜻한 커피를 한 잔 들고 뒷산이 하얗게 물들어 가는 모습을 강아지와 함께 바라봤다.

출근과 등교 시간을 넘긴 아파트 단지는 조용하다. 하얗게 쌓여 가는 눈이 소리마저 감싸안고 땅에 내려앉는지 눈 내리는 소리만 싸락싸락 들리는 듯하다. 하얗게 칠해져 가는 회색빛 아스팔트에 발자국을 내며 싸리비를 들고 길을 트는 경비 아저씨들을 바라보고 있는 것도 재미났다. 한 분이 눈을 뭉쳐 다른 경비 아저씨에게 던지고 겅중거리며 도망가셨다. 주변엔 아무도 없지만 여기 위에서 쳐다보고 있는 것은 모르시겠지? 하얀 세상을 마주한 머리 희끗한 경비아저씨들도 하얀 동심으로 돌아가 킬킬거리며 웃으신다.

 11시 반. 올해 초등학교에 입학한 딸아이는 12시에 수업을 마친다. 마중을 가야겠다. 두툼하게 입히긴 했는데 눈길에 미끄러질까 염려가 되었다. 아이의 손을 잡고 오면서 눈사람도 만들고 눈싸움도 해봐야지. 나는 나대로 계획을 세우며 집을 나섰다. 몇 년 만에 내리는 눈인데, 우산은 아이에게만 씌워주자. 나는 앞머리에, 속눈썹에, 내려앉는 눈송이를 느끼며 장갑 낀 손으로 아이 우산을 눈이 내린 땅을 찍으며 쿵 쿵 짝, 삼박자로 걸음을 재촉했다. 집에서 아이 걸음으로 십 분, 오르막을 오르면 학교가 나온다. 길옆으로는 주택

들과 빌라가 늘어서 있다. 그 오르막을 반쯤 올랐을까, 아이들이 우르르 내려온다. 벌써 마쳤나? 아직 시간이 안 되었는데? 뽀드득거리는 눈을 조심히 밟으며, 눈으로는 분홍 패딩을 입은 아이를 찾아본다. 한 무더기의 아이들 속에는 없었다. 나는 그 무리의 끝에서 내려오는 아이에게 물었다.

- 벌써 마쳤니?

흰 패딩을 입은 아이가 코끝이 빨갛게 되어서는 양손에 눈 뭉치를 들고 해맑게 대답했다. 손끝은 코끝보다 더 빨갰다. 코를 훌쩍이며 아이는,

- 3교시, 4교시 단축 수업했어요. 4교시 때는 운동장에서 놀았어요!
- 아아, 그래! 대답해 줘서 고마워! 조심해서 걸어가!
- 네~!

그럼, 우리 딸도 일찍 마쳤다는 이야기인데. 혹시 길이 엇갈린 건 아닐까? 혹시 운동장에서 친구들이랑 놀고 있나? 십 미터쯤 더 오르막을 올랐을 때, 시선 끝에 분홍색이 보였다. 5층짜리 빌라 건물인데 건물과 건물 사이에 차 5대를 댈 수 있는 주차장이 있었다. 통학로에서 갈라져 그 주차장 입구부터 길게 찍혀

있는 작은 발자국 한 쌍. 그리고 구석에 웅크리고 있는 분홍 패딩을 입은 아이 한 명. 나는 안경을 쓰지 않아 구별이 안 되는 그 모습을 가까이 다가가 확인해 보려 했다. 허리를 굽혀 뚫어지게 쳐다보니 아이도 시선을 느꼈는지 눈 뭉치를 굴리다가 눈을 들어, 날 바라봤다.

-엄마!

맞다. 우리 딸이다. 사랑스럽게 작고 소중한 뒷모습을 하마터면 그냥 지나칠 뻔했다.

-여기서 뭐 해? 안 추워?

아이는 해맑게 웃으며 벌떡 일어나 안겨 왔다. 한 쌍의 작은 발자국이 길게 또 생겼다.

-일찍 마쳤는데요. 여기 눈이 쌓여 있는데, 아무도 안 밟았어요. 그래서 내가 밟았어요. 눈사람 만들어 놓고 집에 가려고 했어요.

- 엄마, 걱정하잖아. 추운데 장갑은 어쨌어?

- 다 젖어서 호주머니에 넣었어요.

나는 빨갛게 언 아이 손을 맞잡고 입김을 호호 불었다. 코끝과 양 볼이 빨간 아이는 만들다 만 눈사람을 곁눈질한다. 저걸 완성해야 집에 가겠군. 나는 가지고 온 장갑을 아이 손에 씌워주었다.

 - 엄마가 도와줘도 돼? 빨리 같이 만들고, 집 앞에서 하나 더 만들자. 어때?

 - 좋아요!

 아이는 더 많은 눈을 두 손 모아 긁어서 눈사람 몸통에 붙인다. 이제 눈과 먼지가 섞인 회색으로 얼룩한 몸통이 만들어지고 있었다. 부산에 내리는 눈이 그렇지 뭐. 오면 얼마나 오겠는가. 그래도 삼십 센티쯤 되는 그럴듯한 눈사람 몸통과 머리가 만들어졌다. 빌라 화단에 있는 나뭇가지와 나뭇잎을 주워 와 아이가 눈사람 얼굴에 갖다 붙였다. 눈은 가늘고 긴 나뭇가지요, 귀는 나뭇잎으로 만든 토끼 귀요. 입은 작은 돌멩이를 꾹 눌러 붙였다.

 나는 아이를 눈사람 옆에 앉히고 사진을 찍어주려 했다. 하나, 둘 셋, 하는데 아이가 머리 위로 오른손을 들어 반쪽 하트를 만든다. 나머지 반쪽은 하늘을 향해 일자로 뻗은 짧은 나뭇가지가 만들어 줘야 하는데, 무리겠지.

 - 내일 올게! 살아있어!

 살아 있으란 인사말이 좀 애처롭게도 들렸다. 아이

도 아는 거다. 눈이 곧 녹아 사라진다는 것을. 아이는 주차장 구석에 혼자 서 있는 눈사람을 향해 손을 흔들고는 내 손을 잡았다. 나는 아이의 빨갛게 언 손을 조물조물 만지며 입김으로 호호 불어 녹여주며 집에 도착했다.

　아이는 옷을 갈아입고 따뜻한 코코아 한 잔을 급히 먹고는 재촉했다. 조급해하는 아이와 함께 소꿉놀이 세트를 가지고 아파트 주차장으로 내려갔다. 차 위에 소복이 쌓인 흰 눈을 내가 손으로 쓸어주면 아이는 그걸 뭉쳤다. 이번에는 삼 등신의 눈사람이 만들어졌다. 아까보다 크지만, 가느다란 모델 몸매의 눈사람이다. 아이는 여자 올라프라고 했다. 가늘고 긴 삼등신 눈사람은 부침개 주걱과 국자를 양팔에 꽂고, 머리에 작은 프라이팬을 뒤집어쓰고 병뚜껑 눈과 당근 코, 작은 부엌칼을 입에 물고 있는 눈사람이 되었다. 딸아이는 완성된 여자 올라프를 보고 정말 좋아했다. 집으로 데려갈 수 없음을 안타까워하며 우리는 눈사람이 오래 살아 있기를 진심으로 빌었다. 뒷날 아침 등굣길에도 딸아이는 한참을 여자 올라프 앞에 서 있다가 갔다. 몸통을 딴딴히 다져주고 날아간 프라이팬을 주워 다시 씌워주고는 학교에 갔다. 그러나 그날 하교했을 때 올라프는 눈의 나라로 떠나고 없었다. 아이는 섭섭해했다.

낙동강 방어선은 여전히 튼튼하고, 겨울이라도 잘 무너지지 않는다. 덕분에 온 세상이 흰색으로 덮이는 마법 같은 일도 몇 년간 일어나지 않았다. 그 몇 년간 딸아이는 내 키만큼 컸다.

그날 우리가 만든 눈사람들은 눈의 나라로 떠나기 전에 사진으로 남겼다. 눈사람과 같이 헤실헤실 웃고 있는 딸아이의 사진은 지금도 볼 때마다 행복한 기분이 든다. 한 번씩 겨울이 되면 딸아이가 이야기한다. 눈사람을 만들어 봤다고. 엄마랑 같이.

아이를 키우면서 한 번씩은 모르는 척, 아이에게 져줄 필요가 있다. 겨울이 되면 낙동강 방어선도 그렇게 한 번씩 모르는 척 져주면 좋겠다. 이제는 다 커버린 딸아이가 어린 눈사람을 다시 만들 기회를 주기 위해서 말이다.

1. 최재훈

다시, 첫눈

무언가에 이끌린 듯 올려다본 하늘엔
별을 닮은 새하얀 차가움이 우리에게 다가오고 있었다.
"오늘 눈 온다는 말은 없었는데."
그녀가 투덜거리며, 곧 차가 막힐 테니 어서 가자고 한다. 나는 가만히 서서 손에 떨어지는 결정을 하나씩 바라본다. 검푸른 하늘 위에선 당당하던 이들은 내 손 위에서 녹아내려 물로 변해간다. 첫눈이다. 따뜻하던 계절이 갑자기 서늘해질 때 위로 삼아 건네는 선물처럼 첫눈은 오래전부터 우리들의 기분을 들뜨게 해왔다. 누군가는 소원을 빌고, 누군가는 눈을 모아 또 다른 이에게 건네고, 학교에서는 우리를 창문 앞으로 모이게 했고 사회에서는 한마디씩 건네는 소재가 된다.
"좋아해."
첫눈을 핑계 삼아 나에게 수줍게 마음을 건넨 기억

속 또 다른 이가 떠오른다. 마치 그 순간을 기다렸다는 듯, 어디서부터 가져왔는지 모를 구겨진 꽃다발을 가방에서 꺼내어 나에게 건넸다. 입시가 끝난 성인의 시작을 열어준 그녀와의 시간들이 문득 떠오른다.

또 한편으로는 눈사람을 만들려고 호시탐탐 장갑까지 끼고 첫눈을 기다리던 학생 시절 내가 보인다. 친구와 함께 열심히 얇게 쌓인 눈을 긁어모아, 흙이 눈보다 많은 눈사람을 만들었던 기억도 떠오른다.

더 어린 시절엔 눈이 허리까지 왔을 때 부모님이 나를 푹신한 눈 침대에 띄워준 순간이 아른거린다. 무슨 걱정이 있었을까, 무슨 생각이 있었을까? 학교를 쉬고 얼어붙은 호수 위에서 포대를 타고 다닌 장면도 떠오른다.

"빨리 가자."

다시 투덜거리는 그녀. 나는 아무 말 없이 고개를 끄덕이며 그녀와 함께 차로 향하였다. 주위를 둘러보면 행복이 가득한 가족과 설레어하는 연인들, 걱정하는 아저씨들, 웃지만 한숨을 쉬는 환경미화원분들, 어떠한 기억이 떠올랐는지 몸서리를 치는 군인들. 서둘러 배너를 정리하는 가게들.

이 눈들도 서로를 잊지 못하여 내린 뒤에도 서로 엉겨 붙어 단단해지겠지. 미끄러운 눈물을 흘리며 서서히 사라지겠지.

 갑자기 내린 눈을 헤치며 앞으로 나아가던 어린 나이의 나와 친구. 그의 운전 실력은 대단했지만, 그날따라 무슨 바람이 불었는지 조금 더 과격하게 운전했다. 그 차에서 울려 퍼지던 캐럴, 지금 거리에서도 어렴풋이 들리는 듯하다.

 몇십 년 동안 나는 눈을 봤지만 매년의 눈은 달랐다. 지금 거리의 모든 사람들에게도 마찬가지이겠지. 이 여자는 어떤 기억을 가지고 있기에 귀찮음이 눈에 가득할까?

 "먼저 차에 가 있어."

 "왜?"

 "잠시 들렀다 갈 곳이 있어서."

 "같이 가면 되지."

 "아니야. 춥잖아."

 몇 번의 언어가 오간 뒤 나는 그녀에게서 떨어져 혼자가 되었다. 일기예보를 보고 몰래 예약해 뒀던 가게의 작고 예쁜 케이크를 가지러 가는 길에도 눈은 계속 내리고 사람들의 온기는 계속되었다.

 모두들 잘 지낼까? 아무리 시간이 오래 지나도 잊히지 않는 기억들이 있다. 나를 기쁘게 하고 아련하게 하고 느끼게 하는 것들은 이런 복잡한 밤이면 항상 나의 주위를 맴돈다. 시간이 지날수록 이 조각들은 의미 없어 보이지만, 그럴수록 나는 더 붙잡을 뿐이다. 그게 나를 만드는 요소라고 생각하기 때문이다.

 그런 생각 중 갑자기 한 꼬마 아이가 나의 앞을 막고 선 자신이 만든 눈오리를 건넨다.

"이거 예뻐요. 가질래요?"

 곧 그 아이의 부모가 서둘러 온다. 미안합니다. 아빠 아니야, 모르는 아저씨야. 귀찮게 하면 안 돼. 아이에게 핀잔을 주려는 때에

"고마워."

 나는 웃으며 눈오리를 맨손으로 집어 든다. 그러곤 쪼그려 앉아 아이와 눈을 맞추며 고맙다고 다시 말하고, 부모에게도 인사를 하며 갈 길을 간다. 너는 참 멋진 아이구나. 앞으로도 변하지 마렴. 나는 오늘 누군가에게 마음을 베푼 적이 있을까? 나중에 케이크 가게에서 '좋은 하루 보내세요'라고 한마디라도 건네야

겠다.

"어서 오세요."

가게의 문을 열고 잠시 쥐었던 눈오리에 얼어버렸던 손을 입으로 녹이며 카운터 쪽으로 향했다. 예약한 케이크를 데리러 왔다는 말에 미리 예쁘게 포장해 둔 박스를 나에게 건넸다. 패딩 모자를 벗으며 눈을 맞추고 고맙다는 인사를 건네려던 차.

"어?"

"어?"

그 사람.

눈을 마주친 둘은 예상치 못한 재회의 순간에, 오늘 가장 기억나지 않았던 감정들과 함께 시간을 멈춘다.

이어지는 하얀 별들이 온 주위에서 가게를 비춘다.

다시, 첫눈이 왔다.

3. 장시원

눈잎

사람들은 꽃이 있는 곳이면 어디든 간다
두 발로 찾아서 간다
꽃이 아름답고 보기 좋아서

그러다가 생각했다
꽃은 왜 군데군데 있을까
어디에나 있으면 어디든 아름다울 텐데

내 말을 들었는지
하늘에서 눈 한 송이를 꺾어
땅으로 내려 주었다

빈틈없이 빠짐없이
모든 곳에 평등하게 내려준다

두 발로 찾아가지 않아도
이곳저곳 심지어 내 머리와 어깨 위에도 내리 앉은
수만, 수억의 눈잎들은
우리에게 아름다운 것이 무엇인지
조용하게 알려준다

3. 박성희

눈사람 해체식

손이 얼어붙을 차가움에도 멈추지 않아
내가 굴리는 이 동그라미가 결국 나의 세상이니까

누가 지구가 둥글대?
본 적 있대?

내 눈앞에 있는 눈사람이 둥글다고 할 수 있지
생각의 부재에 연신 고마워하며 굴리는데 집중해

눈사람이 커질수록 생각이 사라지니까 세상에 존재하는 것 중 가장 완벽한 반비례야
우울이 만연하게 깔려 새하얘진 길거리의 눈을 전부 눈사람으로 만들 수 있을까

공들여 만든 세상을 과감히 부수는 재미 알아?
열심히 만든 이유는 멋지게 부수고 싶어서야

내가 만들어 낸 집착은 결국 나를 파멸시키니까
잘 부수는 게 당연지사

왠지 잘 만들어진 눈사람을 부수면 다시 새로운 삶을
살 수 있을 것만 같거든
내 마음이 적절히 가미된 새로운 세상을 굴려
심히 지난했던 세월은 뭉개 버리고 새 시대를 열자

오히려 큰 애정 없이 굴린 눈사람이 마음에 들면 길
섶에 떨어진 나뭇가지를 무심히 주워서 양팔에 꽂아
주면 돼

잘 조각한 눈사람에게만 사랑을 느끼는 위선에서 벗
어나길 바라
어쩌면 네가 도외시했던 그 세상이 내 눈사람일 테니

이번 눈이 오는 날은 기어코 새로운 세상을 마주하자

2. 편련

colors

 흰 눈이 모든 것을 덮은, 새하얀 세상. 그 속에서, 나는, 너와 함께 살아간다.

 영원히 끝나지 않을 눈이 내리기 시작한 것은 작년쯤이었다. 작년부터 내린 눈은, 7월이 되어도, 8월이 되어도 그치지 않았다. 그렇게 1년이 흘렀고.

 너를 만난 건 고작 두 달 전이었다. 너는, 눈 속에 앉아 기타를 연주하고 있었다. 살아남기에 급급하던 나에게, 그 짓은 자살행위에 가까웠다. 그렇지만 너는, 손이 얼지도 않는지 살짝 서툴지만, 여전히 아름다운 연주를 계속해 나갔다. 그 순간에, 색을 잃은 온통 새하얀 세상 속에서, 너만이, 너만이 색을 가진 것처럼 느껴졌다.

 너와 함께한 지 한 달째 되던 날, 너는 내게 물어왔다.
 "너는 하고 싶었던 거 없어?"

나는 그 말이 뭘 의미하는 건지, 도저히 이해하지 못했다. 고개를 갸우뚱거리고 있자, 너는 내게 다시 물어왔다.

"꿈 같은 거 말이야! 나는 항상 무대에 서보는 게 꿈이었어. 그래서 계속 기타 치는 거고!"

꿈… 내 꿈은 뭐였는지, 내게는 도저히 떠오르지 않았다. 너무나도 오래 이렇게 살았던 탓일까, 나의 꿈도, 마음도 모두 흰 눈에게 잡아먹힌 듯 새하얀 빛만을 띠고 있을 뿐이었다. 문득 네가 너의 색으로 나를 물들여줬으면 좋겠다는 생각이 들던 무렵부터, 나는 너의 연주를, 너의 유일한 관객으로서, 더 열심히 듣기 시작했다. 어쩌면 너의 답은 너의 꿈에 있을 거라는, 그런 생각이 들어서.

언제부터인지 너의 연주는 내게 꿈을 심어 내고 있었다. 눈이 내리기 전부터 음악을 좋아했던 내게, 기타를 쳐보고 싶다는, 노래를 해보고 싶다는 생각을 하게 만들었다. 새하얀 마음에, 나의 겨울에, 유일하게 색을 가진 네가, 너의 색으로 나를 물들인 순간이었다.

2. 이상현

사라지는 흔적

땅에 닿기도 전에 사라질 듯한
눈이 조금씩 내리고 있었지만
마치 보이지 않는 것처럼
하얀 숨을 내쉬며 걷는다

이 눈이 그치게 된다면
나도 같이 멈추게 되고
더 이상 움직일 수도 없이
녹아버려 더는 흔적조차
남지 않게 된 눈이 될 것 같아서.

3. 이상현

하얀 세계

하염없이 내리며 쌓이는
함박눈들이 땅을 채우며
그 위에 있던 모든 것들을
하얀색으로 물들였다

마치 거기에 아무것도
존재하지 않았던 것처럼
세상에 있는 모든 것들을
집어삼켜 버린 존재는
어쩌면 그 누구나
바라던 것이었는지 모른다

감춰두었거나 외면하고 있는
어떤 것들까지 같이

저렇게 사라지게 할 수만 있다면
간절히 바라는 마음으로.

3. 최이서

눈송이로 찾아갈게...

맑고 순수한 마음 품고
홀로 사뿐히 내려앉는 눈송이 하나

소망 담은 반짝임 안고
창공 아득한 유영으로
아름다운 궤적을 휘돌며

하얗게 빛나는 작은 존재로
차가운 세상 건너

어느 곳에 닿을까
닿지 못할까
간절히 소망하듯, 염원이듯

간절한 그리움 이끄는
단 하나 너를 향해 내려앉는다

녹아내려도 괜찮아
결국 사라져 버린다 해도
이 투명한 날갯짓이

그토록 그리워하던
단 하나의 네 품이라면

이렇듯
살포시 내려앉는 눈송이로
네게 안길 수 있다면

2. 안세진

나의 길이 뒤에 오는 이에게
눈발자국처럼 여정이 되기를

내가 걷는 이 길 위에
눈이 조용히 내려앉는다.

흔적을 남기려는 마음보다
그저 하루를 충실히 살아내려는 걸음이었는데
돌아보니
내 발자국이 작은 길이 되어 있었다.

누군가는 그 길을 따라오고
누군가는 다른 방향으로 스며들겠지만
나는 바란다.
내가 남긴 이 미약한 흔적들이
누군가에게는
겨울밤을 밝히는 작은 등불이 되기를.

작가로 산다는 것은
말을 남기는 일이 아니라
마음을 남기는 일이라서
나는 오늘도 조심스레 문장을 디딘다.

혹여나 뒤따라오는 발걸음이 있다면
그들이 덜 외롭고
조금은 가벼운 마음으로
자신의 길을 걸어가기를 바란다.

내가 남긴 눈발자국이
누군가의 여정이 되고
누군가의 따뜻함이 되고
누군가의 용기가 되기를.

그저 선한 마음으로 쓰는 문장이
나를 지나
또 다른 이에게 닿아
새로운 길을 열어주기를.

그래서 나는
오늘도 한 줄을 쓰고, 한 걸음을 남긴다.
겨울의 눈처럼,
조용하지만 오래 남는 마음으로.

3. 안세진

첫눈이 내리던 밤, 케니지를 들으며

 겨울은 언제나 예고 없이, 그러나 조용히 찾아왔다. 그해도 마찬가지였다. 11월의 마지막 주, 아직 낙엽이 교정 구석구석에 남아있던 어느 목요일 오후였다.

 학교 운동장 귀퉁이에서 들려오던 친구들의 웃음소리, 차가운 교복 깃 사이로 스며들던 바람, 그리고 늘 타던 자전거의 쇠사슬이 만들어내는 규칙적인 소리까지. 모든 풍경은 어제와 똑같았는데, 유독 그날만은 공기가 다르게 느껴졌다. 뭐랄까, 무언가 특별한 일이 일어날 것만 같은 기대감이 허공에 떠다니는 것 같았다.

 하교 종이 울리고 교실을 나서면서, 나는 여느 때처럼 자전거 거치대로 향했다. 차가운 쇠 손잡이를 잡는 순간, 손등 위로 무언가 가볍게 닿았다. 고개를 들었다. 하늘이 회색빛으로 물들어 있었고, 그 높은 곳에서 무언가 천천히, 정말 천천히 떨어지고 있었다.

눈이었다.

서랍 속에 오래 넣어두었던 편지처럼 조용히, 서두르지 않고, 한 송이 한 송이가 제 시간을 가지고 내려왔다. 손바닥 위에 떨어진 눈송이를 바라보다가, 나는 문득 웃음이 났다. 이유 없이 기분이 좋아지는 날이 있다. 그날이 바로 그런 날이었다.

나는 자전거에 올라타 페달을 살며시 밟기 시작했다. 학교 정문을 나서자 골목길 가로등이 하나씩 켜지기 시작했다. 그 불빛 아래로 눈송이들이 하얗게 반짝였다.

주머니를 뒤적여 이어폰을 꺼냈다. 그때 자주 듣던 음악, 케니지의 'Loving You'를 재생했다. 부드럽게 스치는 색소폰 소리가 귓가를 적시는 순간, 세상은 잠시 멈춰 선 듯했다.

자전거 바퀴는 조용히 눈 위를 스쳤고, 타이어가 만드는 가는 자국이 내 뒤로 이어졌다. 양쪽에 늘어선 집들의 창문에서 따뜻한 불빛이 새어 나왔다. 누군가의 저녁 준비하는 소리, 멀리서 들려오는 텔레비전 소리, 그리고 내 이어폰 속을 채운 케니지의 음악.

그 모든 것이 한데 어우러져 하나의 풍경이 되었다. 지금 생각해 보면 그것은 완벽한 순간이었다. 아무것도 부족하지 않은, 그 자체로 충만한 시간.

 그 시절 나는 꿈이 많고, 사랑에 대해서는 더 많은 호기심을 품은 중학생이었다. 누군가를 좋아한다는 것이 정확히 어떤 마음인지도 잘 몰랐다. 친구들이 좋아하는 아이돌 이야기를 할 때면 함께 떠들긴 했지만, 내 마음속에 진짜로 누군가가 자리 잡고 있다는 것을 인정하긴 쉽지 않았다.

 하지만 어쩐지 그날, 첫눈이 내리던 하굣길에, 내 마음 어딘가가 아주 천천히 눈송이가 쌓이듯 차오르고 있었다.

 가로등 아래에서 눈이 흩날릴 때면 저절로 그녀의 모습이 떠올랐다. 점심시간 운동장에 서 있던 그녀. 교복 치마 위로 내려앉던 눈송이, 무심하게 뒤로 넘기던 머리카락, 친구와 웃으며 걷던 모습. 그 순간에도 나는 괜히 그녀 옆을 지나가려고 자전거 속도를 천천히 늦추곤 했었다.

 용기를 내서 인사라도 해볼까, 하는 생각을 매일 했지만 결국 그러지 못했다. 그저 멀리서 바라보고, 같은 공간에 있다는 것만으로도 마음이 두근거렸던 시절. 지금 생각하면 어리숙하고 소극적이었지만, 그때는 그것만으로도 충분히 행복했다.

눈 위를 달리며 자전거는 계속 앞으로 나아갔다. 이어폰 속에서는 색소폰이 부드럽게 노래했고, 하늘에서는 눈이 끊임없이 내렸다. 나는 페달을 밟으면서 생각했다.

'이 순간을 잊지 말아야지.'

왜 그런 생각이 들었는지는 모르겠다. 아마도 이런 순간이 자주 오지 않는다는 것을, 어린 나이에도 본능적으로 알고 있었던 것 같다. 완벽하게 행복한 순간, 아무 걱정도 없이 그저 지금 이 순간에만 집중할 수 있는 시간은 생각보다 드물다는 것을.

집 근처 언덕길에 이르렀을 때, 나는 자전거를 세웠다. 숨을 고르며 뒤를 돌아보니 내가 지나온 길 위에 눈이 하얗게 쌓여 있었다. 내 자전거 바퀴 자국도 이미 눈으로 덮이기 시작하고 있었다.

케니지의 음악은 여전히 흘렀다. 나는 그 자리에 한참을 서 있었다. 차가운 공기가 폐 속 깊이 들어왔다 나갔다. 손은 시렸지만, 마음은 이상하리만치 따뜻했다.

'아, 이게 좋아한다는 마음이구나.'

그렇게 생각하니 모든 게 선명해졌다. 왜 그녀를 볼

때마다 가슴이 두근거렸는지, 왜 그녀가 웃으면 나도 모르게 미소 짓게 되는지, 왜 그녀의 목소리를 듣기 위해 일부러 교실에 늦게 들어가곤 했는지.

첫눈이 내리던 밤, 자전거 바퀴는 조용히 눈 위를 스쳤고, 나는 세상에서 가장 아름다운 음악을 들으며 처음으로 '누군가를 좋아한다'는 마음이 어떤 색인지 알 것 같았다. 그것은 하얀색이었다. 첫눈처럼 순수하고, 눈송이처럼 부드러운 하얀색.

결국 나는 그녀에게 고백하지 못했다. 졸업식 날까지도 마음을 전하지 못한 채, 우리는 각자 다른 고등학교로 진학했다. 가끔 SNS에서 그녀의 소식을 보곤 했지만, 연락을 할 용기는 끝내 나지 않았다.

하지만 후회는 없다. 그 시절의 나는 내가 할 수 있는 최선으로 그녀를 좋아했고, 그 마음은 진심이었으니까. 때로는 이루어지지 않은 사랑이 더 아름답게 기억되는 법이다.

여전히 그 겨울 이후로 수많은 계절이 지나갔다. 나는 고등학교를 졸업하고 대학에 갔으며, 이제는 사회인이 되었다. 새로운 사람들을 만났고, 다른 사랑도 했다.

하지만 나는 지금도 첫눈이 내릴 때면 그때의 나를

떠올린다. 꿈 많고 엉성했지만, 마음만큼은 누구보다 따뜻했던 중학생 시절의 나. 자전거를 타고 눈 내리는 골목길을 달리던 그 소년.

가끔 케니지의 'Loving You'를 들을 때면, 그날의 공기가 그대로 살아난다. 차가운 손잡이의 감촉, 이어폰 선이 스치는 목덜미의 감각, 눈송이가 눈썹에 내려앉는 느낌까지. 모든 것이 생생하다.

그리고 생각한다. 겨울의 눈은 왜 늘 그렇게 느리게 내릴까?

아마도 그 느린 속도만큼 우리 마음에 오래 머무르기 위해서일 것이다. 순간을 음미하게 하고, 그 시간을 기억하게 만들기 위해서. 눈이 내리는 밤은 언제나 특별하다. 세상이 조금 더 조용해지고, 시간이 조금 더 천천히 흐르는 것 같다.

그날의 나는 몰랐다. 그 순간이 얼마나 소중한지, 그 감정이 얼마나 아름다운지. 하지만 지금의 나는 안다. 그 겨울날, 첫눈이 내리던 밤, 케니지를 들으며 자전거를 타던 그 순간이 내 인생에서 가장 순수하고 아름다운 시간 중 하나였다는 것을.

그래서 나는 오늘도 겨울을 기다린다. 첫눈을 기다린

다. 그리고 그때의 나를, 그 순수했던 감정을 다시 한번 느끼기 위해, 케니지의 음악을 재생 목록에 담아둔다.

 어쩌면 우리 모두에게는 그런 순간이 있는지도 모른다. 돌아갈 수는 없지만, 언제까지나 마음속에 남아 우리를 따뜻하게 해주는 기억. 첫눈이 내리던 그 밤처럼.

2. 이유로

눈이 내리지 않는 크리스마스

크리스마스, 세 번의 크리스마스
집 문에 크리스마스 리스를 걸어뒀다.
어울리지 않게 작은 트리 하나를 샀다.
먼지가 쌓인 책장 위에 올려두고
작은 전구도 달았다.

작은 원룸 방
매트리스 위에 나란히 앉아
우측 뺨이 금방이라도 닿을듯한 거리에서
고개를 살짝 틀어 작지만 다 갖춘 트리를 본다.
깜빡
교차하는 작은 빛
그리고 가장 하찮은 웃음

눈빛을 주고받다가
정신없이 널브러진 옷을 주워 입었다.
늘 가는 곳으로 가자는 말에
고개를 끄덕이고
손을 잡았다 놓거나
서로 한 걸음씩 앞서나가며
시시한 농담을 했다.

크리스마스 케이크를 하나 사고
집 앞 편의점에서 가장 싼 우유까지 사면
모든 준비가 끝난다.

우리가 좋아하는 노래를 틀고
이번에는 매트리스에 등을 기대고 앉아
평범한 하루를 나누고
적당히 단 케이크를 한입 우유에 녹여 먹고
작은 트리에 동시에 눈을 맞추는 일

눈이 내리지 않는 크리스마스
하얗게 덮이지 않은 거리

지워지지 않는 상가들과
웃는 너의 얼굴
하얗게
없었던 일이 될 수 없는
눈이 내리지 않은 세 번째 크리스마스

3. 이유로

첫눈

눈은 매년 내리는데 혼자만 첫눈이다.
매년 새롭고, 처음인 눈
사람의 온기가 그리워질 때쯤
누군가를 생각하게 하고
괜한 의미를 부여하게 한다.

언제, 어디서, 누구와
타이밍이 무엇보다 중요하다고 다들 말하는데
첫눈은 항상 녹아 사라진다는 반박
여린 눈송이는 형태를 알아보기도 전에
녹아 사라진다는 사실 같은 것들.

첫눈은 다시 내린다는 안도감
녹고 사라져도

언젠가 다시 볼 수 있다는 것
기다리면
다시 오는 게 겨울이라는 것

부질없어도
자꾸 기대하게 되는 게
사랑이라는 것.

2. 이연화

한 줌의 흔적

하얀 눈으로 뒤덮인 세상,
아무도 걷지 않은 눈길 위에
조심스레 발자국을 남긴다.

한 걸음, 또 한 걸음.
밟는 만큼 선명해지는 흔적들
너도 그랬다.

내 마음속에
행복 한 줌,
사랑 한 줌,
기쁨 한 줌
고요히 새겨두고 갔지.

그 한 줌들 덕분에
나는 많은 날들을
버텨낼 힘을 얻었다.

그러니
너의 마음속에 남아 있을
나의 작은 한 줌들이
너를 행복하게 하기를 바란다.

사랑해.
잊을 수 없는 내 사랑.

스노우 볼(snowball)

"글몽아~ 밖에 봐봐!"
엄마의 설렘 가득한 목소리에
눈을 비비며 창문을 열었다.

눈의 요정이 밤새 온 세상을 하얗게
물들였다.

나뭇가지에 소복이 쌓인 눈이
보석처럼 눈부시게 반짝인다.

벅찬 마음으로 털모자와 장갑을
챙겨 밖으로 나섰다.

빛으로 반짝이는 눈밭에서
나만의 작품을 만들기 시작했다.

마치 고양이를 쓰다듬듯,
두 손으로 조심스럽게 눈을 모았다.

작은 돌멩이로 눈과 코를 만들고,
털모자까지 씌우니 제법 귀여운
눈사람이 완성됐다.

눈사람의 탄생을 축하하는 듯,
겨울바람은 나뭇가지를 흔들었고
마치 스노우 볼처럼 아름답게 눈이
흩날렸다.

2. 이노

White Trace (부제 : 첫눈처럼 너는)

길을 걷다 문득 마주한 미세한 날림들
내려오는 건지, 올라가는 건지
사방으로 휘날리다
닿았나 싶은 찰나 사라져 버린다

네가 내게 오던 날도 그랬다
알아채지도 못하게 주위를 맴돌다
눈에 앉았다가, 코끝에 앉았다가,
기어코 심장에 내려앉던 날

너는 온통 설렘이었다
주체할 수 없게 뜨거워져 버린 심장이
우물쭈물하는 사이 홀연히 사라져 버린 우리
사랑이 스친 자리가 시리다 못해 서럽다

어디서 오는지 어디로 가는지도 모르고
춤추는 듯 환희의 눈송이가 그때의 우리 같아
갈피를 잡지 못하고 방황하는 서툰 몸짓이
자꾸 눈길을 잡고 놓지 않는다

곧 사라질 줄도 모르고
찬란하게 아름다운 첫눈, 너처럼

2. 이연월

첫눈

작은 소원들이 물결이 되고 바람이 되어 내린다
그중 첫눈은 사람들에게 선물이라 여겨진다

차갑고 따뜻하다
아니, 차갑되 따뜻하다

첫눈에 대한 속설 많은 것도 이맘때쯤 다들 들떠있다
는 증거겠지
크리스마스가 다 되어가 설레고 막연한 연말과 새해
에 불안해진다

그렇게 여러 감정으로 뒤덮인 겨울
아름답게 포장된 첫눈

첫눈이란 소프는 당신에게 매년 꾸준히 찾아올 것이다
당신이 빈 작은 소원이 소포가 되어 돌아올 테니

그때까지 이 눈이 가라앉아 파도 안에 내려앉아도
소원들은 첫눈처럼 반짝일 테니

3. 이연월

눈꽃

보통 꽃은 봄에 핀다지만
겨울에 피어나는 눈꽃

영상의 날씨엔 녹는다지만
바닥에 흩뿌려진 눈 꽃다발

눈이 내려
눈 꽃밭이 된 크리스마스트리
눈 꽃다발이 된 바닥
눈 한 송이가 된 나의 작은 소원

꽃은 봄에 핀다지만
겨울에 피어나는 눈꽃

그 눈송이 하나를
조심스레 쥐어본다

2. lilylove

흰 눈

기다리는 손님이
오는 것처럼

하얀 눈송이를 보고
꼬리 흔들며 좋아하는
예쁜 강아지들 모습에
나도 모르게
지어지는 미소

눈이 내리면
세상이 잠시 멈춘 듯 고요해지고
마음속 깊읏 곳에서
오래된 추억 하나
살며시 눈을 뜬다.

따스한 손잡고 걷던 길
빨간 벤치 위에 쌓인 눈처럼
우리의 시간도 하얗게 쌓여
고요히, 은은하게
빛나고 있다.

2. 다래

눈을 배운다

가장 순수하고 하얀 것들이
세상을 사라지게 하며 빛나는 날,

반짝이는 작은 눈 알갱이가
너의 말도,
너의 표정도,
너의 발자국도
하나씩 지워 나간다.

허겁지겁 사라지는 것들을 붙잡아도
자꾸만 쌓여가는 눈 속에서
나는 허우적거리기만 할 뿐,
잡지도 못하고
뱉지도 못한 채

그저 놓쳐버린다.

눈은 끝없이 내리고,
너는 더 멀어지고,
나는 그 사이에서
놓친 것들의 무게를 배우고,
이미 내려버린 것들의 의미를 바라본다.

사라지고 나서야 알게 된다.
눈에 덮인 사라질 것들이
사라질 때
가장 큰 모양을 남긴다는 것을.

3. 노기연

백의 염원

소복소복 쌓이는 눈송이는
흩날리며 세상을 하얗게 만들고 싶다.

눈송이가 만들어낸 백지는
무엇이든지 그려낼 수 있다.

사랑을 이루어준다는 소망이기도
낭만이 가득한 맹세이기도
누군가의 모든 염원이기도 하다.

3. 혜성

결온(結溫)

눈이 내린다.
처절하게 빌고 빌어서
빌고 빌어 다시 빌어
그 간절함에도 눈이 있었다.

눈물이 떨어진
이미 오랜 시간 말라버린
마음이란 땅은
그만큼의 눈물로도
비인 줄 알고

조금씩
아주 조금씩 젖어 드는데
정말 조금씩 젖어 드는데

내 눈에서 떨어져 내려간 것은
구슬 같은 비가 아니라
한없이 아름다운 너에게만은
차갑기 싫어서 내린
첫눈보다 빠른 눈이었다.

3. 김감귤

눈이 모인다

눈이 하얗게 내린다.
언제 시작되고
언제 끝이 나는지는 모른다.

마치, 끊임없는 먼지처럼.
마치, 셀 수 없는 고민처럼.

눈이 모인다, 한 아름 가득.
눈이 모인다, 수없이 많이.

흩어진 눈들이 한때 땅으로 옹기종기 모였다.
흩어진 눈들이 함께 이렇게 가족처럼 모였다.

하얗게 순수한 마음들이

눈들에 가득히 담겨있다.

겨울이 오고 눈이 오니, 눈처럼 가득 순백 마음.
겨울이 오고 눈이 오니, 눈보다 부푼 설렌 마음.

눈이 모이고, 눈이 함께니
수북이 하얗게 마냥 행복해진다.

눈은 아마도
신기한 효과를 가졌나 보다, 그런가 보다.

1. 최소은

하얀 꽃이 멈추면

하얀 꽃이 멈추면
기나긴 이 어둠도 지나가겠지

하얀 꽃이 멈추면
어둠이 지나고 빛이 찾아오겠지

하얀 꽃이 멈추면
빛과 함께 아름다운 윤슬을 감상하겠지

하얀 꽃이 멈추면
윤슬처럼 빛을 내는 존재가 되어있겠지

하얀 꽃이 내리는 밤에,
내일을 기대하며 걸어보는 작은 희망

청춘 끝자락의, 첫눈이었다.

2. 최소은

숫눈

함박눈이 펑펑 내리던 날,
숫눈을 따라 걸을 때마다
바삭바삭, 바삭바삭

서로의 온기를 느끼며
숫눈 길을 걸으며 하는 약속

서로의 숫눈이 되어주겠다고
처음이자 마지막을 함께 하겠다고

함박눈이 펑펑 내리는 오늘,
숫눈을 따라 걸을 때마다
바삭바삭

온기를 느끼고 싶어 내미는 손,
그 끝에 내려앉은 하얀 눈꽃 한 송이

2. 희작

눈의 절애

눈설레가 휩쓸고 지나간 자리는
숫눈의 형태가 되어있다.

아무도 지나지 않아 깨끗한 눈으로
뒤덮인 숫눈길에 발자국을 내어본다.

흐트러짐 없는 선명한 발자국은 하나에서
두 개가 되고 두 개에서 세 개가 되어
어느새 뒤돌아보니 세어볼 수가 없을 만큼
수많은 발자국이 찍혀있다.

가만 보니 한 쌍의 발자국만 있는 게 아닌
옆에 또 한 쌍의 발자국이 있는 게 아니던가.

황급히 고개를 돌려 옆을 본 순간 새하얀
우유를 머금은 듯한 순수한 눈망울로 쳐다보는
나의 연인이 보였다.

개구쟁이 같은 손짓으로 특별한 추억을 만들어주는
그녀, 이제 보니 사람들에게 단순하지만 꾸밈없는
즐거움을 선물해 주는 눈과 닮아있다.

그래, 이런 게 진정한 행복이지.

그녀는 소복히 쌓인 눈더미 위를 걷는 게 좋다고
말한다.

발걸음을 내디뎠을 때 딱딱한 느낌이 아닌 폭신한
느낌이 무언의 안정감을 준다고, 그게 나와 닮아서
좋다고 한다.

우리는 서로에게 눈 같은 존재라서 모든 날이
아름답지만 유독 바람이 불고 눈이 내리던 날에
더 소중한 애정선이 생기는 걸까?

애틋하게 부여잡은 두 손은 발자국에 맞춰 힘을 주어 세게 잡는다.

다음 눈이 오는 날에도 당신을 향한 나의 절애는 변하지 않을 것 같으니 부디 당신도 나를 향한 마음이 변하지 않길.

함께 걸어간 숫눈길에는 사랑이 가득 담긴 두 쌍의 발자국만이 남아있다.

2. 고유정

열아홉, 마지막 눈꽃

10대의 마지막 날 밤,
마지막인 걸 어떻게 알았는지
하늘이 깜짝선물을 보낸다.

수만 마리의 하얀 나비가
날갯짓하며 내려오듯이
아름답게 눈이 내린다.

작은 눈꽃들이 서로 모여
순백의 눈밭을 만든다.

발자국 하나 없는 새하얀 눈밭이
겨울에만 느낄 수 있는 포근함을 주었다.

소리 없이 내리는 눈은
나의 지난 시간들을 감싸고
행복함 가득한 추억만을 간직한다.

차갑고 시린 눈이 그 아래에 봄을 품듯이,
나는 이 겨울 끝에 올 새로운 꿈을 품는다.

2. 이서윤

눈의 세상

이 검은 세상을
한순간
하얗게
만들어 버리는
눈

언젠가 검에 지고
언젠가 녹아
사라지고
잊혀지지만

또 찾아와
하얗고 하얗게
만드는

눈

그래서
아직 괜찮다
사라진 게
아니니깐

아직 내리지 않았을 뿐
땅속에 스며들었을 뿐

포레스트 웨일 공동 작가
겨울의 눈은 느리게 내린다

초판1쇄 인쇄 2025년 12월 10일
초판1쇄 발행 2025년 12월 10일

지은이	이겸 ǀ 김유신 ǀ 디디 ǀ 류광현 ǀ 박수진 ǀ 김채림(수풀) ǀ 박지우 지한아 ǀ 박성민 (運作) ǀ 정진혁 ǀ 나아영 ǀ 참새 ǀ 이언(利言) 이하(李霞) ǀ 김종이 ǀ 빈 숲 ǀ 안현희 마리스텔라 ǀ 강대진 ǀ 희로 가빈 ǀ 잔잔오 ǀ 하린 ǀ 이은지 ǀ 김혜지/헬리아 ǀ 신정현 ǀ 명랑소녀 이다솔 ǀ 신혜 ǀ 해원[전갈마녀] ǀ 김서연 ǀ 숨이톡 ǀ 아낌 ǀ 조현민 고원(변헤린) ǀ 윤세아 ǀ 남화정 ǀ 한유나 ǀ 장시원 ǀ 박성희 ǀ 편련 이상현 ǀ 김예빈 ǀ 리베라 ǀ 최이서 ǀ 안세진 ǀ 이유로 ǀ 이연화 글쓰는 몽상가 LEE ǀ 이노 ǀ 이연월 ǀ lilylove ǀ 정수환 ǀ 다래 노기연 ǀ 혜성 ǀ 김감귤 ǀ 윤아정 ǀ 희작 ǀ 고유정 ǀ 이서윤 ǀ 손아정 김태희 ǀ 하형정 ǀ 꿈꾸는 쟁이 ǀ 영지현 ǀ 최나연 김정훈 / 훈쓰(필명) ǀ 갈곳 ǀ 최재훈 ǀ 최소은
디자인	포레스트 웨일
펴낸이	포레스트 웨일
펴낸곳	포레스트 웨일
출판등록	제2021-0000 14 호
주소	충청남도 아산시 탕정면 용머리길 40 유니콘101 216호
전자우편	forestwhalepublish@naver.com
종이책	979-11-94741-73-2
전자책	979-11-94741-72-5

ⓒ 포레스트 웨일 ǀ 2025
· 이 책은 저작권법에 의하여 보호받는 저작물이므로 무단 전재와 복제를 금합니다.
· 이 책 내용의 전부 또는 일부를 이용하려면 사전에 저작권자와 포레스트 웨일의 서면 동의를 얻어야 합니다.

작가님들과 함께 성장하는 출판사
포레스트 웨일입니다.
작가님들의 소중한 원고를 받고 있습니다.
forestwhalepublish@naver.com